PIERRE FRANCKH
mit MICHAELA MERTEN

Entfalte deine WUNSCHKRAFT

Übungen, Meditationen und Rituale für 52 Wochen

Herzlich willkommen beim Kurs:
»Entfalte deine Wunschkraft«!
Wie schön, dass du Lust hast, dich jede Woche, ein ganzes Jahr lang, mit deiner Wunschenergie zu verbinden. Bei diesem Jahreskurs wirst du unterschiedliche Techniken kennenlernen, mit denen du dich schnell und alltagstauglich mit deiner mentalen Kraft und deiner Herzensenergie in Kontakt bringen kannst. Dieser Tischaufsteller wird dich mit spielerischer Leichtigkeit und hilfreichen Tipps dabei unterstützen, dich selbst als einen positiven, glücklichen und authentischen Menschen weiterzuentwickeln, der obendrein noch wundervoll und liebenswert ist.
Für jede Woche eines Jahres findest du hier ein Blatt mit praktischen Anregungen in einer der folgenden drei Kategorien:

Übungen zur Wunschkraftverstärkung und Verankerung der neuen Gewohnheiten

Rituale zum Aufbau und Halten des positiven Resonanzfeldes

Meditationen für die Lebensfreude, unterstützt durch Affirmationen

All diese praktischen Angebote sind leicht anwendbar und in ihrer Wirksamkeit erprobt. Manche sind regelrechte Klassiker, andere wurden speziell von mir entwickelt. Es empfiehlt sich, sie jeweils eine Woche lang anzuwenden. Wenn dich etwas ganz besonders anspricht, kannst du es natürlich gern auch länger nutzen. Wie man weiß, verankern sich neue, erwünschte Verhaltensweisen, wenn wir sie 21 Tage lang geübt haben. Alte Gewohnheiten haben dann keine Chance mehr.

In fünf Etappen durch das Jahr
Fünf große Abschnitte begleiten dich durch dieses Jahr:

***Der Einstieg:** erste Schritte auf dem Weg zur Wunscherfüllung*

***Das Resonanzfeld:** das energetische Umfeld der Liebe und Fülle erschaffen*

***Spezielle Wünsche:** präzise Ziele formulieren, um erfolgreich zu wünschen*

***Herzenswünsche:** Anleitungen, um die wahren, tiefsten Sehnsüchte lebendig werden zu lassen*

***Dein Umfeld:** mit anderen, für andere und für unsere Umwelt wünschen*

Alle fünf Etappen bieten dir sowohl Übungen als auch Rituale und Meditationen. Es bleibt dir selbst überlassen, ob du diesem Kurs von Woche 1 bis Woche 52 chronologisch folgst oder ob du dir die fünf Hauptbereiche nacheinander vornimmst, aber innerhalb davon die Wochen mischst, einzelne Angebote weglässt, andere dafür umso ausführlicher übst. Genauso gut kannst du auch rein intuitiv vorgehen: Du schlägst irgendeine Seite auf und arbeitest mit dem, was du dort findest. Lass dein Herz dich führen, wenn du mit diesem Kurs arbeitest.

Wann und wie üben?
Je öfter du übst, desto besser, denn dann bleibst du nachhaltiger in deiner Wunschenergie. Um deinen Weg noch intensiver werden zu lassen, könntest du dir ein schönes Buch kaufen oder basteln, in das du im Laufe dieses Kurses deine Erfahrungen und Erkenntnisse, deine Fortschritte und auch so manche (Wunsch-)Liste aus den Übungen hineinschreibst. Dein »Wunschbuch« wird so zu deinem engen Begleiter auf deinem Weg.

Ein kleiner Grundkurs im erfolgreichen Wünschen

»Wünschen« ist zielorientiertes Denken.
Mit unseren Gedanken erschaffen wir unsere Welt. Was wir denken und fühlen, realisiert sich ununterbrochen – ob wir uns dessen bewusst sind oder nicht. Unser bisheriges Leben ist die Summe der Erfahrungen, Erinnerungen, Prägungen und Überzeugungen, die sich im Laufe der Jahre gebildet haben oder die uns auferlegt wurden. Die Zukunft gestaltest du im Jetzt. Du entscheidest dich jede Sekunde aufs Neue, in welche Richtung du deine Gedanken lenken möchtest. Immer gilt: Wo deine Gedanken hinzielen, auf diesen Punkt hin bündelst du deine Energie. Und wo Energie gebündelt wird, entwickelt sie eine Eigendynamik und strebt nach Verwirklichung. »Erfolgreich wünschen«, wie ich meine Methode nenne, ist eine spielerische Möglichkeit, bisherige Glaubensmuster zu verändern, um zu einem neuen, glücklicheren Menschen zu werden.
Die Konsequenzen unserer Gedanken, Worte und Handlungen spüren wir jeden Tag – im Konstruktiven wie im Destruktiven. Von heute ab kannst du dich bewusst fragen: »Welche Energie soll sich in meinem Leben hauptsächlich vermehren?« Du kannst dich immer neu entscheiden und aktiv an der Erfüllung deiner Wünsche wirken. Die folgenden Grundregeln zum erfolgreichen Wünschen sind die Basis dafür. Schau sie dir hier in Ruhe an – mit den praktischen Anregungen für 52 Wochen wirst du sie dann Stück für Stück umsetzen und immer weiter vertiefen. So steht der Erfüllung deiner Wünsche bald nichts mehr im Weg.

Entscheide dich, anzufangen!

Ein Unterschied zwischen »Wunschdenken« und »Erfolgreich Wünschen« liegt darin, dass du dich bei meiner Methode bewusst und aktiv entscheidest, wohin du gehen willst. Bevor die Gedanken abschweifen können und die eigene Bequemlichkeit dir einen Strich durch die Rechnung macht, fälle nun die Entscheidung, hier und jetzt damit anzufangen, deine Ziele und Ideen zu fokussieren.

Schick den Verstand dabei erst einmal auf Urlaub, damit er dich in Ruhe neue Überzeugungen finden lässt. Schließlich ist er meist so mit alten Mustern angefüllt, dass er die Erfüllung unserer Wünsche nur zu gern verhindert. Um ihn zu überlisten, solltest du mit kleinen Wünschen anfangen. Warum? So hast du die größten Chancen, dass dein Kopf dich gewähren lässt. Wenn du ihm vermittelst: »Ach, es ist einfach nur ein Spiel, ich probiere es mal aus«, dann lässt er dich machen. Das berühmte Parkplatzbestellen ist ein wunderbarer Einstieg. Bereits beim Verlassen des Hauses schickst du deinen Wunsch ab, du sagst dir innerlich: »Ich habe einen Parkplatz in der Straße ... oder direkt vor dem Gebäude ...« Je klarer du dabei bist, desto besser ist es.

Du kannst dein Übungsfeld dann auf andere Kleinigkeiten ausweiten, auf einen freien Platz am Ticketschalter der Bahn oder begehrte Konzertkarten – es sind dir keine Grenzen gesetzt. Durch die kleinen Erfolge, die du erzielst, stärkst du deinen Glauben daran, dass du das Gewünschte auch erhältst. Vertraue darauf, dass du der Schöpfer deiner Wirklichkeit bist. Das, woran du glaubst, wird eintreffen. Vertraue darauf, dass es genauso eintrifft, wie du es dir vorstellst. Der Glaube ist die stärkste Kraft, die du zur Verfügung hast. Nutze sie in *deinem* Sinne!

Die richtige Wunschformulierung

Wenn Wünsche sich (noch) nicht erfüllen, liegt die Fehlerquelle oft bei der Wahl der Worte, die wir für unseren Wunsch benutzen. Durch die ungenaue Formulierung kann sich die Energie nicht präzise genug in die gewünschte Richtung bündeln. Manchmal bekommt man sogar das Gegenteil von dem, was man sich eigentlich gewünscht hat. Wie kann das sein? Nun, die präzise und positive Wortwahl ist für die Erreichung des Zieles von entscheidender Bedeutung. Mach dir hundertprozentig klar, was du *wirklich* willst – nicht das, wovon du wegwillst oder was du zu vermeiden versuchst. Sprich unbedingt von dem, was du willst.

Es sollten auch keine negativ behafteten Worte wie »Sorgen loswerden« oder »schuldenfrei sein« benutzt werden. Mit diesen Worten assoziieren wir nämlich genau das, was wir verhindern wollen. Hier wären beispielsweise Formulierungen wie »Ich bin entspannt und voller Vertrauen« oder »Ich habe alles zu meiner Verfügung, was ich brauche« beziehungsweise »Ich bin innerlich und äußerlich reich« positive und geeignete Entsprechungen.

Des Weiteren solltest du die Wörter »nicht« und »kein« bei der Wunschformulierung vermeiden. Das Unterbewusstsein kann diese Worte nicht verstehen. Sicher kennst du Situationen, in denen du dachtest: »Das passiert mir nicht noch mal!« Und was geschah bald wieder? Genau das, was du nicht wolltest. Ein einfaches Beispiel, das die Schwierigkeit mit der Verneinung deutlich macht: Denk mal nicht an Schokolade. Was geschieht? Sofort entsteht vor deinem geistigen Auge das Bild einer leckeren Schokolade und das Wasser läuft dir im Mund zusammen.

Optimal ist es, wenn du das Ziel positiv formulierst und es dir klar bildlich vorstellst.

Tu so, als ob der Wunsch bereits erfüllt wäre. Fühl dich regelrecht in dein »neues Leben« hinein. Geh in der Wohngegend spazieren, in der du gern wohnen möchtest, oder mach eine Probefahrt mit deinem Traumauto. Spüre emotional und körperlich, wie du dich immer mehr mit deinem Ziel verbindest, wie es immer mehr Teil deines Lebens wird.

Wünsche in der Gegenwartsform

Stell dir vor, das Gewünschte sei bereits eingetroffen, und formuliere in der Gegenwartsform. Es sollte heißen: »Ich bin ...«, »Ich habe ...«, »Ich kann ...«, »Das schaffe ich!« Mit dieser Art und Weise der Formulierung gibst du der Energie ein deutliches Signal, so schnell wie möglich das Erreichen des Zieles zu ermöglichen. Am Anfang ist dieser Sprachgebrauch etwas ungewohnt, denn der Verstand signalisiert, dass das ja »nicht sein kann«, weil es ja eben noch nicht »da« ist. Dennoch senden wir durch diese Art der Formulierung den klaren »Befehl« ans Unterbewusstsein, sich darum zu kümmern – und das nicht in der möglichen Zukunft, sondern *jetzt.* Es wird das, von dem du sagst, dass es bereits da ist, herbeiführen. Währenddessen solltest du ein wenig Geduld aufbringen, denn die Energie braucht etwas Zeit, um in Resonanz mit dem gewünschten Ziel zu kommen. Bis dann das Ereignis eintritt, heißt es: dranbleiben und sich in Vertrauen üben.

Dankbarkeit entwickeln

Dankbarkeit ist der Turbo für unsere Wunschkraft. Mit der inneren Bereitschaft, dankbar für das Gute zu sein, das dir jeden Tag widerfährt, bist du automatisch in einem Resonanzfeld der Fülle. Meistens ist unser Blick verstellt, wir sehen die vielen bestens laufenden Dinge nicht mehr, sondern konzentrieren uns fast verbissen auf die zehn oder 20 Prozent, die nicht nach unseren Vorstellungen sind. Das macht uns immer unzufriedener, bis wir aus dieser Negativschleife kaum noch herausfinden. Um dieses ungünstige Resonanzfeld zu verlassen, brauchen wir unseren Blick nur wieder auf die Dinge zu lenken, die wir bis jetzt als selbstverständlich abgetan haben: auf die wundervollen kleinen und großen Momente in unserem Leben, die uns glücklich machen. Was sind deine ganz persönlichen Glücksmomente? Denk an sie, und schon fängst du an zu lächeln, du wirst liebevoller und dankbar für das Wunder des Lebens. In dieser Stimmung ist es viel leichter, sich für neue Ziele und Wünsche zu öffnen.

Wenn du also im Laufe dieses Wunschkraft-Jahres deine Ziele immer mal wieder aufschreibst, dann setze ein »Danke, dass sich mein Wunsch jetzt erfüllt« darunter – dann weißt du, dass die Energie bereits wirksam ist. Wenn du dich bedankst, gehst du ganz klar davon aus, dass es sich realisiert. Es ist eine Art Verabredung zwischen dir und deinem Ziel: Es darf in dein Leben treten.

Den Verstand gezielt einsetzen

Alles ist Energie – das hast du sicher schon im Physikunterricht gelernt. Materie ist Energie und selbst wir Menschen sind letztlich Energie. Auch Gedanken sind pure Energie, die wir bewusst lenken können – wenn wir uns dafür entscheiden. Eine weltbewegende Idee ist am Anfang nur ein Gedanke. Es liegt an uns selbst, ob wir einem Gedankenblitz folgen – oder eben nicht. Ob wir ihn schriftlich festhalten und ihn nutzen und wachsen lassen – oder eben nicht. Energie folgt immer unserer Aufmerksamkeit. Worauf wir unseren Blick lenken, das können wir wahrnehmen, mehr nicht. Wir können unsere Energie in jede gewünschte Richtung lenken, es liegt in unserer Hand. Gedanken, Ideen, Geistesblitze lassen sich verwirklichen, indem wir sie in die Wirklichkeit, in unser Leben bringen. Oft finden wir dann – nach dem Resonanzprinzip – Gleichgesinnte, die uns dabei unterstützen, unser Ziel zu verwirklichen. Jede(r) kann das lernen, auch du! Nutze die Kraft deiner Gedanken, verbinde dich mit deinem stärksten positiven Gefühl, formuliere deine Wunschziele schriftlich und so klar wie möglich. Und dann: Bleib dran, kümmere dich um ein positives und liebevolles Resonanzfeld, bis das Gewünschte eingetroffen ist. Letztlich ist es Physik – und das überzeugt auch den Verstand. Wir alle sind in der Lage, Energie zu bündeln und diese sich manifestieren zu lassen. Beim »Erfolgreich Wünschen« erhöht sich die Ereigniswahrscheinlichkeit immer mehr, bis der Zufall es will, dass uns das »zufällt«, was zu uns gehört. Der Wunsch hat sich erfüllt.

Vertrauen statt zweifeln

Es gibt eine Form der Gedankenenergie, die uns ununterbrochen einen Strich durch die Rechnung machen will: Zweifel. Diese inneren »Boykotteure« reden uns zu gern dazwischen und hindern uns daran, unser Leben nach unseren Vorstellungen zu leben. Unser Unterbewusstsein ist voller Ängste, Sorgen, Ärger, Groll, Scham- und Schuldgefühle. Diese undurchsichtige Masse an Energie befindet sich genauso in unserem Resonanzfeld wie die schönen, angenehmen, liebevollen Seiten unseres Wesens. Oft haben wir unbewusst sogar Angst vor der Erfüllung unseres Wunsches, denn das bedeutet gleichzeitig Veränderung. Es beinhaltet auch, Altes loszulassen – und das fällt uns oft schwer. So lassen wir es einfach zu, dass uns Zweifel überfluten, wenn wir es endlich geschafft haben, uns auf ein lohnenswertes Ziel zu fokussieren. Was tun? Ein Zweifel ist auch nur ein Gedanke. Er zeigt

uns, dass wir noch nicht genug Vertrauen in uns und unsere Fähigkeiten haben. Wenn wir es bis jetzt fertiggebracht haben, so viele negative Gedanken über uns zu denken, dann dürfte es doch ebenso möglich sein, ab jetzt fast nur noch positiv über uns selbst zu denken, was meinst du?
Damit das klappt, sollten wir uns von alten, überholten Überzeugungen, die meist aus der Kindheit stammen, lösen. Dann bekommen wir Vertrauen in unsere eigene Stärke und können neue, kraftvolle Überzeugungen für unser Leben kreieren. Genau dazu verhelfen dir viele der Übungen aus den einzelnen Wochen dieses Kurses.

Sei offen für »Zufälle«

Du kennst das doch sicher auch, dass manchmal im Leben etwas auf sehr überraschende, fast belustigende Art und Weise passiert.
So ist es oft mit der Wunscherfüllung auch.
Häufig geschehen »ganz alltägliche« Wunder, die man nie für möglich gehalten hätte. Meistens haben wir vorab eine ziemlich festgefahrene Vorstellung davon, wie sich unser Wunsch manifestieren soll – aber genau das verhindert oft seine Erfüllung. Das Gewünschte kann auch über ungeahnte und überraschende Umwege zu uns kommen.
Und dann kann es passieren, dass wir es übersehen, weil wir stur in die andere Richtung blicken. Es geht schließlich nicht darum, dass unsere Erwartungshaltung befriedigt wird, sondern darum, was in diesem Moment das Beste für unsere Entwicklung ist. Deshalb ist es wichtig, dass du offen für das bist, was auf dich zukommt. Sei wach und entspannt, voller Vorfreude und im tiefen Vertrauen darauf, dass das Leben genau weiß, was jetzt das Optimale für dich ist. Und wenn es (noch) nicht so optimal ist, wie du es dir gewünscht hast, dann hast du sicher auf dem Weg irgend-

etwas übersehen – vielleicht hast du einem Zweifel Raum gegeben oder den Wunsch nicht präzise genug formuliert. Dann heißt es: Freudig weiterüben!
Höre auf deine Intuition! Deine innere Stimme sagt dir genau, was zu tun ist. Sie wird oft im lärmenden Alltag überhört – wenn du ihr aber immer öfter deine Aufmerksamkeit schenkst, wird sie deutlicher wahrnehmbar. Intuitiv wissen wir immer, was uns guttut und was nicht. Überall »lauern« Informationen auf uns. Wir ignorieren sie meistens – aber genau diese überraschenden neuen Ideen und Impulse sind es, die uns zur Erfüllung unseres Wunsches geleiten. Sei offen für das, was du hörst, siehst und fühlst – das kann ein Satz sein, aufgeschnappt vom Gespräch am Nebentisch, ein Hinweis aus einem Buch oder der spontane Entschluss, heute einen anderen Weg zur Arbeit zu nehmen als den üblichen. Es sind die kleinen und großen »Zufälle«, die dich zu deinem Glück führen. Intuition ist die Verbindung zu dir selbst – nur du kennst deine Wahrheit und bist der Meister deines Lebens. Übernimm selbst die Regie und du wirst über deine »Mitspieler« begeistert sein. Bleib konsequent dran an den Dingen, die dir wichtig sind, und sei leidenschaftlich und enthusiastisch bei den Themen, die dein Herz bewegen.
Du wirst merken, alle Menschen wünschen sich das Gleiche: Liebe, Frieden, Glück und Freude. Viele Übungen in diesem Wochenplan führen dich daher genau zu diesen schönen Gefühlen, zu dieser wundervollen Grundhaltung im Leben, die dir alle Türen öffnet, durch die du gehen möchtest.
Mögen alle deine Herzenswünsche in Erfüllung gehen! Ich wünsche dir viel Freude dabei!

Pierre Franckh

1 Liebevolle Bestandsaufnahme

Wo stehe ich und wo will ich hin?

Der Kurs beginnt! Such dir einen gemütlichen Ort in deiner Wohnung, an dem du ungestört bist. Nimm dein Wünsche-Tagebuch zur Hand, leg Musik auf, die dir gefällt. Umgib dich mit einem schönen Duft oder zünde eine Kerze an. Das kannst du jedes Mal machen, wenn du dich intensiv deinen Wünschen widmest. So erschaffst du dir für diese besonderen Momente eine Art Heiligtum, in das nur du und deine Herzenswünsche Zutritt haben. Nun beginnt der erste wesentliche Schritt: die Bestandsaufnahme.

Horch in dich hinein. Bist du bereit, dir selbst ein paar wichtige Fragen zu stellen? Ja? Dann beginne mit einer Liste, der Verstand liebt Listen! Er versucht unentwegt, sie zu vervollständigen und zu optimieren – diesen Umstand machen wir uns zunutze. Zeichne drei Spalten zu den Fragen: Wo stehe ich? Was ist mein Ziel? Was bin ich bereit für mein Ziel zu tun? Fülle die Spalten nun zu den Grundthemen Partnerschaft, Gesundheit, Beruf, Erfolg und Reichtum aus. Wenn dir momentan nur ein oder zwei dieser Bereiche wichtig sind, dann lässt du die anderen beiseite. Schreib jetzt alles auf, was aus deinem Inneren aufsteigt. Lass die Worte einfach fließen. Notiere den aktuellen Stand, dazu deine Wünsche und überleg dir besonders achtsam, was du zu deren Erfüllung beizutragen bereit bist. Beachte, dass du dir nichts wünschen kannst, was die Angelegenheit eines anderen ist. Bleib einfach bei dir und deinen Bedürfnissen und Sehnsüchten und formuliere klar und positiv deine Wünsche.

Deine Liste kannst du die ganze Woche über immer wieder vervollständigen. Und vielleicht wirst du nach einer Zeit eine gänzlich neue brauchen, wenn sich alle notierten Wünsche erfüllt haben.

1

Eine mächtige Flamme entsteht aus einem winzigen Funken.

DANTE ALIGHIERI

2 *Basis für Freude und innere Kraft*

Urvertrauen aufbauen

Der Grund, warum wir so häufig in Zweifel und Hoffnungslosigkeit verfallen, ist mangelndes Urvertrauen. Manche Menschen vertrauen zwar in ihre beruflichen Fähigkeiten, bekommen aber Zweifel, wenn es darum geht, einen liebevollen Lebenspartner zu finden. Andere wiederum sind wunderbare Familienmenschen, haben aber ~~große~~ Minderwertigkeitskomplexe bezüglich ihrer Karriere.

Keinem ist die Meisterschaft auf allen Ebenen in die Wiege gelegt worden. Das ist doch ermutigend, oder? Es bedeutet, dass wir durch zielorientiertes Denken und Handeln sehr wohl entwicklungsfähig sind und sogar Urvertrauen erwerben können. Dazu dient diese Meditation: Setze oder lege dich bequem hin. Schließe die Augen und atme tief ein und aus. Lass die Gedanken frei fließen und schenk ihnen für diesen Moment keinerlei Beachtung. Lege eine Hand auf deinen Bauch unterhalb des Nabels. Entspanne dich vollkommen. Sage dir innerlich folgende Sätze: »Ich bin in Ordnung, so wie ich bin. Ich vertraue meinen Handlungen und Fähigkeiten. Ich bin voller Urvertrauen. Ich glaube an mich und meine kreative Kraft. Ich erschaffe mir das Leben, das ich mir wünsche. Ich erreiche meine Ziele mit Leichtigkeit und Freude.« Verweile bei jedem dieser Sätze so lange, bis du ihn tief in deinem Innersten spürst. Kommen ambivalente Gefühle hoch, spüre ihnen und ihrer Botschaft nach ... und lass sie dann wieder verklingen.

Mach diese Meditation in dieser Woche morgens kurz vor dem Aufstehen und kurz vor dem Einschlafen. Du wirst merken, wie sich die positiven Überzeugungen zu deiner Wahrheit entwickeln und neue Kraft in deinem Innersten entsteht.

2

Man muss es so einrichten,
dass einem das Ziel entgegenkommt. THEODOR FONTANE

3 Zeit für die Wünsche einplanen

Ein Termin mit mir selbst

Reizüberflutung und der heute leider typische Stress führen oft zu dem Gefühl, dass wir nicht mehr Herr über unser Zeitmanagement sind. Ständig hetzen wir von Termin zu Termin und wissen oft nicht mehr, wer in unserem Leben eigentlich die Entscheidungen fällt. Innerlich macht sich dann leicht Unzufriedenheit breit. Und nun brauchst du auch noch regelmäßig Zeit für deine Wünsche! Mit einem einfachen Trick wirst du sie finden.

Mach einen Termin mit dir selbst. Ja! Schreib dir für diese Woche mindestens zweimal einen solchen Termin in deinen Kalender. Wenn du Zeit für andere Leute hast, dann doch auch für dich, oder? Wesentlich ist wieder einmal die Kraft der Entscheidung. Überleg dir, was du Schönes tun möchtest. In ein Café gehen? Oder einen Film ansehen? Möchtest du endlich wieder einmal die Seele baumeln lassen?

Am Anfang mag sich dieses »Date mit dir selbst« etwas ungewohnt anfühlen, aber du wirst es bald in vollen Zügen genießen – du wirst merken, dass es dir so viel Spaß macht, dass du diesen Termin das ganze Jahr über haben möchtest. All deine Unternehmungen an »deinen« Tagen dienen dazu, dass du dich mit dir selbst und deinen Bedürfnissen auseinandersetzt. Frage dich nach deinen Wünschen – denn nun hast du Zeit, sie dir nach und nach zu erfüllen oder die entsprechenden Übungen aus diesem Kurs dafür zu machen.

Halte die einmal festgesetzten Termine unbedingt ein. Erlaube dir, Zeit für dich zu haben – auch wenn das bisher nicht geklappt hat. Gönn dir die Erfahrung, dass du vermeintlich »egoistisch« bist. Du darfst es sein, denn wenn du dich und deine Bedürfnisse nicht achtest, wer sollte es sonst tun?

3

Es ist nicht zu wenig Zeit, die wir haben,
sondern es ist zu viel Zeit, die wir nicht nutzen.

SENECA

4 Der Gedankendetektiv

Was denkst du so den lieben, langen Tag?

Unsere Gedanken rotieren ständig. Ohne Unterlass reden wir in unserem Kopf über etwas, führen einsame Dialoge mit jemandem oder grübeln. Du kennst das sicher: Man erlebt eine ungerechte Situation und ist noch Tage danach damit beschäftigt, Argumente zu finden und dem Gegenüber von damals die Meinung zu sagen. Oder man beschimpft sich selbst für vermeintliche Schwächen und Fehler.

Vor allem, wenn uns etwas nicht gelingt, machen wir uns innerlich nieder. Damit aber untergraben wir unser Selbstwertgefühl und fühlen uns hilflos und klein. Ein ausreichender Grund, dieses Verhalten zu ändern! Der erste Schritt ist, herauszufinden, was für Gedanken du den ganzen Tag über hast. Und das funktioniert am besten mit dem »Gedankendetektiv«: Du nimmst dafür ein weißes Blatt zur Hand und teilst es in Zeitzonen ein. Zum Beispiel: 8 bis 10, 10 bis 12, 12 bis 14 Uhr und so weiter. Immer zu Beginn dieser Zeiträume notierst du dir, was dir an Gedanken in den Sinn kommt – vielleicht kreisen sie darum, was du zu erledigen hast, wie du dich deswegen fühlst und so fort. Am Abend kannst du auswerten, wie viele positive Gedanken du gedacht hast und wie viele negative Gedanken dich Kraft gekostet haben. Die Auswertung hat den Effekt, dass du am nächsten Tag schon etwas bewusster rangehst und dich nach und nach entscheidest, deine Gedanken in eine positive Richtung zu lenken. Dann wird dich das Hamsterrad deiner negativen Gedankenketten loslassen.

Nach dieser Woche wirst du um die Kraft deiner Gedanken ganz sicher wissen. Und wenn du es lange zuwege gebracht hast, negativ zu denken, dann wird es dir sicher auch gelingen können, ab jetzt hauptsächlich positiv zu denken.

4

Das, was du heute denkst, wirst du morgen sein.

BUDDHA

5 Liebevolle Eltern

Den »inneren Fürsprecher« stärken

Sehr oft lassen wir zu, dass der »innere Zweifler« unseren Wachstumsprozess zunichte macht und uns zum Stolpern bringt. Er hat seinen Ursprung meistens in der Kindheit. In dieser Woche geht es darum, die kritischen Stimmen von damals in liebevolle, uns unterstützende Stimmen zu verwandeln.

Wenn du autoritäre Eltern hattest oder solche, um deren Anerkennung du kämpfen musstest, kann es dir im Moment noch schwerfallen, dir Anerkennung zu geben oder Lob anzunehmen. Diese Meditation regt dich an, liebevolle Eltern zu visualisieren, die deinen »inneren Fürsprecher« stärken. Die Stimmen unserer Eltern, wie wir sie früher hörten, sie sind in uns. Du kannst ihnen innerlich Recht geben oder dich aus ihrer Bewertung befreien.
Zieh dich dazu an deinen geschützten Ort zurück. Leg schöne Musik auf und entspanne dich. Schließ die Augen und stell dir vor, wie du als erwachsene Person nun deine Mutter in ihrem liebevollsten Wesen vor dir siehst. Du gehst in einen inneren Dialog mit ihr. Sage ihr, was du dir von ihr immer gewünscht hast, und stell dir vor, wie sie dir jetzt das gibt, was du brauchst. Stell dir dann deinen Vater in seinem liebevollsten Wesen vor. Sage ihm, was du am meisten von ihm brauchst. Stell dir vor, wie er dir alles gibt, was dir bis jetzt gefehlt hat. Umarmt euch alle drei und spürt die tiefe Liebe zwischen euch ... Löse dich langsam aus diesem Bild und höre in Zukunft nur noch auf die »liebevollen Eltern«.

Diese Meditation stärkt dich auf deinem Weg des Urvertrauens und erfolgreichen Wünschens. Wiederhole sie immer dann, wenn du das Gefühl hast, Kraft tanken und Sicherheit auf deinem Weg empfinden zu wollen.

5

Sei gegenwärtig in allem, was du tust,
die einzige Wirklichkeit ist jetzt.

AUS DEM ZEN-BUDDHISMUS

6 Erkenne dein Potenzial

Die Selbstlobliste

Weißt du eigentlich, wie viel Potenzial in dir steckt? Ist dir bewusst, was du alles kannst, was du alles in diese Welt mitgebracht hast? Wir bemerken unsere Kapazitäten oft nicht, weil wir sie für selbstverständlich halten. Für die Erfüllung deiner Wünsche, solltest du sie dir auf jeden Fall bewusst machen.

Eigenlob stinkt? Vergiss es einfach! Menschen mit viel Selbstvertrauen können mit Leichtigkeit sagen, wie toll sie sind. Du kannst es auch lernen, über dich nur schöne Dinge zu denken und zu sagen. Eröffne deshalb in dieser Woche eine neue Liste in deinem Wunschbuch. Listen sind deswegen so wichtig, weil unser Verstand einfach dranbleibt, um sie fortzusetzen. Deshalb fängst du jetzt damit an, aufzuschreiben, was dir an dir so richtig gut gefällt. Schreib als Überschrift: »Was ist toll an mir?« Darunter notierst du alles, was dir einfällt, zum Beispiel: »Ich kann sehr gut mit Menschen umgehen. Ich bin kommunikativ. Ich kann gut organisieren. Ich bin eine liebevolle Partnerin und Mutter …«

Am Anfang fühlt es sich vielleicht etwas ungewohnt an, nur lobende Dinge über sich zu schreiben und zu sagen. Lass dir Zeit, die positiven Eigenschaften in dein Bewusstsein dringen zu lassen, und spüre nach, wie gut es sich anfühlt, sie zu bemerken. Arbeite in dieser Woche jeden Tag an deiner Liste und finde immer noch weitere Eigenschaften. Beobachte auch andere Menschen sehr genau und schau, ob du das, was dir an ihnen gefällt, auch in dir selbst entdeckst.

Du wirst sehen, am Ende der Woche staunst du darüber, wie viel Potenzial in dir liegt und darauf wartet, in vollen Zügen ausgelebt und genossen zu werden. Du hattest so viele deiner Vorzüge bisher einfach noch nicht wahrgenommen.

Das Große ist nicht, dies oder das zu sein, sondern man selbst zu sein.

SØREN KIERKEGAARD

7 Wünsche bildhaft werden lassen

Die Wunschcollage

Wünsche streben nach Verwirklichung. Die Collage ist eines der besten Mittel, um dir deine Wünsche bewusst zu machen. Außerdem weckt sie die Vorfreude. Hirnforscher haben festgestellt, dass durch die Vorfreude auf ein Ereignis bereits Glückshormone ausgeschüttet werden. Die Erfüllung des Wunschzieles ist dann die logische Folge daraus.

Jetzt gilt es erst einmal, herauszufinden, was dir wirklich Freude bereitet. Die Wunschcollage hat schon Tausende von Menschen dabei unterstützt, sich ihre Ziele vor Augen zu führen und dann auch zu verwirklichen. Um sie zusammenzustellen, brauchst du nur ein großes Blatt Papier, Kleber, Buntstifte und einen Stapel alter Magazine.

Du beginnst aus den Zeitschriften schöne Bilder auszuschneiden, die dir das zeigen, was du willst. Was geht in Resonanz mit deinem Herzen? Stell so deine Wunschthemen zusammen und arrangiere sie auf deinem Blatt. Wenn du kein geeignetes Bild findest, dann malst du einfach, was dir vorschwebt – das geht auch symbolhaft. Du kannst Wünsche in Worten dazuformulieren. Sei albern, kreativ, überschwänglich, übertreibe ruhig ein bisschen – wir brauchen höhere Ziele, damit wir gefordert sind. Arbeite in dieser Woche immer wieder an deiner Wunschcollage, optimiere und ändere sie nach deinen Wünschen. Häng sie dann für dich gut sichtbar auf, sodass du dich immer wieder in sie hineinträumen kannst. Wenn du im Laufe der Zeit etwas anders haben möchtest, dann verändere sie einfach wieder.

Gestehe dir deine heimlichen Wünsche ein, spring über deinen Schatten und erlaube dir »das Unmögliche« – dann kann es möglich werden. Und wenn sich ein Wunsch erfüllt hat – dann feiere!

7

Um große Dinge zu erreichen,
müssen wir sowohl träumen als auch handeln.

ANATOLE FRANCE

8 Transformation

Lass los und werde leicht und frei

Wir alle tragen negative Energie in uns, die durch Gefühle wie Ärger, Wut, Groll und die dazu gehörenden negativen Erinnerungen genährt wird. Früher gehörte abwertende Aussagen über uns haben sich in uns verselbstständigt. All diese belastenden Dinge gilt es zu transformieren und loszulassen.

Setze oder lege dich bequem hin. Atme ruhig ein und aus. Stell dir vor deinem geistigen Auge vor, wie du auf einer wunderschönen Lichtung stehst. Du genießt die Sonnenstrahlen. Stell dir dann vor, wie zu deinen Füßen eine liegende Acht entsteht. Du steht in dem einen Kreis dieser Acht und alles, was du jetzt transformieren willst, taucht in dem anderen Kreis vor dir auf. Das können Personen sein, die dich immer noch emotional quälen, unangenehme Situationen oder Symbole für schmerzhafte Erinnerungen.

Zwischen euch ist der Kreuzungspunkt, an dem ein violettes Feuer entsteht. Du siehst, wie jetzt durch deine Absicht alles, was dich blockiert oder ärgert, in diesem violetten Feuer vergeht. Die Flammen verbrennen alles, was du loslassen willst. Du beobachtest, wie alles zu Asche zerfällt und durchtrennst nun ganz bewusst diesen Kreuzungspunkt zwischen dir und der anderen Seite der Acht. Die Acht und alles, was damit zu tun hatte, verschwindet. Du siehst, wie deine Erinnerung aus deinem Gefühl und Blickfeld verschwindet. Atme tief ein und aus und sage dir: »Ich bin frei. Ich bin frei. Ich bin frei.« Genieße eine Weile dieses neue Gefühl und komm dann langsam ins Tagesbewusstsein zurück.

Wende diesen »seelischen Hausputz« mindestens dreimal in dieser Woche an, um dich von belastenden Erinnerungen zu befreien.

8

Lerne loszulassen, das ist der Schlüssel zum Glück.

BUDDHA

9 Die beste Motivation

Heute belohne ich mich selbst

Wann hast du dir das letzte Mal etwas geschenkt? Wann hast du dir gezeigt, wie stolz du auf dich bist? Wann hast du einen Etappensieg gefeiert? Wie viel Anerkennung lässt du zu?

Du bist ein wundervolles, einzigartiges Wesen – ist dir das bewusst? Du lebst dein Leben auf deine Art und Weise, stehst nach Niederlagen immer wieder auf und sammelst alle Kraft für dich und deine Lieben. Du gibst dein Bestes und versuchst dich dabei weiterzuentwickeln. Das alles ist doch ein Grund zum Feiern! Du ringst um Anerkennung, strauchelst und fängst dich wieder, suchst nach deiner Berufung, hast Sehnsucht nach dem Sinn deines Lebens, kurzum: Du stellst dich den Herausforderungen des Menschseins. Das verdient Respekt!
Zeige dir selbst, dass du ein wertvoller Mensch bist. Sobald du dies tief in deinem Herzen verinnerlicht hast, können die Wunder in deinem Leben Platz finden. Belohne dich, beschenke dich, mach dir eine Freude – es steht dir zu. Du musst dir Liebe nicht »verdienen«, genauso wenig wie Respekt und Anerkennung, sie sind dein natürliches Geburtsrecht. Bestätige dir das, indem du dir in dieser Woche selbst kleine Aufmerksamkeiten zukommen lässt: Schenk dir berührende Dinge, die dich daran erinnern, dass das Leben Freude macht! Tu etwas, das dir besonders Spaß macht. Geh in der Natur spazieren mit dem Glücksgefühl, dass alles um dich herum zu deiner Freude da ist! Schenk dir Aufmerksamkeit, geh ins Kino oder kauf dir einen lustigen Stift, mit dem du ab jetzt in dein Wunschbuch schreibst.

Durch solche kleinen Aktionen gibst du dir das Gefühl, etwas Besonderes zu sein, etwas Wertvolles. Das stärkt dich!

9

Deine erste Pflicht ist es, dich selbst glücklich zu machen.

LUDWIG FEUERBACH

10 Die Wunschkraft verstärken

Zehn Gründe, warum der Wunsch in Erfüllung geht

Ist dir schon aufgefallen, dass die meisten Menschen ziemlich genau wissen, was sie nicht wollen? Und dass sie unentwegt Gründe finden, warum sie nicht glücklicher sein können, als sie es sind? Beim Erfolgreichen Wünschen drehen wir das Ganze einfach um: Was willst du wirklich? Was steht dir zu?

Nimm dein Wunschbuch zur Hand und wähle einen deiner Wünsche aus. Oder fällt dir ein neuer ein, mit dem du diese Übung machen möchtest? Schreib ihn auf und formuliere dabei genau. Nun notierst du darunter mindestens zehn Gründe, warum dieser Wunsch in Erfüllung geht. Auch diese kleine Übung ist zu Beginn etwas ungewohnt und gerade deshalb bringt sie innerlich viel in Bewegung. Frage dich also: Warum steht dir die Erfüllung dieses Wunsches zu? Warum solltest gerade du dieses Ziel erreichen? Ja! Bleib dran! Finde noch viel mehr Gründe, warum sich der Wunsch in deinem Leben manifestiert. Warum bist du es wert, diesen – deinen – Traum zu erleben? Schick alle Bedenken weg, die ganzen »ja, aber«, die vielleicht in dir aufsteigen. Werde dir klar darüber, was du in deinem Leben haben willst. Du bist der Gestalter! Nimm diese Verantwortung an, es ist die schönste, die es gibt.

In dieser Woche solltest du dir jeden Tag ein paar Minuten Zeit nehmen, um deine Liste der Gründe für die Erfüllung deines Wunsches zu vervollständigen. Deine anfängliche Zögerlichkeit legt sich ziemlich schnell, wenn du alles aufschreibst, was dir an Gründen einfällt. Wenn du genug gefunden hast, kannst du die Übung bei einem weiteren Wunsch nutzen.

Diese Übung wird deinen Verstand kitzeln, du kannst ihn mit Freude »um den kleinen Finger wickeln« und seine Gabe nutzen.

10

In jedem Menschen steckt ein König.
Sprich zu dem König, und er wird hervorkommen.

UNBEKANNT

11 Die beste Wunschzeit

Abends ins Resonanzfeld der positiven Entspannung gehen

Die beste Zeit zum Wünschen ist kurz vor dem Einschlafen. Alles was du da an Eindrücken sammelst, wird in der Nacht im Gehirn gespeichert und ins Unbewusste eingelagert. Am Morgen hat dein Wunsch dann schon begonnen, Wurzeln zu schlagen.

Es ist sehr wichtig, die Gedanken vor dem Einschlafen bewusst zu wählen. Wenn du eine Ansammlung negativer, angstvoller Informationen in Form von Nachrichten aufnimmst, dann brauchst du dich nicht zu wundern, wenn du morgens mit einem eher bedrückenden Gefühl aufstehst. Wenn du allerdings die Einschlafphase nutzt, um dich auf deine Ziele und Wünsche ganz bewusst positiv einzustimmen, die Wunschformulierungen zu wiederholen und dich mit all deiner visuellen Vorstellungskraft in das Neue einzufühlen, dann wachst du auch mit einem Gefühl der Freude auf. Du beginnst den Tag mit dem Gefühl, dass dir alles gelingt, was du dir vornimmst. Mach ein kleines Ritual daraus: Nimm dir vor dem Schlafengehen 15 Minuten Zeit, um in Bezug auf dein Vorhaben in eine positive Stimmung zu kommen. Leg schöne Musik auf, umgib dich mit einem angenehmen Duft, nimm deine Wunschcollage oder dein Wunschbuch zur Hand und vertiefe dich in deine Ziele. Passen sie noch immer? Wenn dir beim Durchlesen eine stimmigere Formulierung einfällt, dann schreib sie auf. Jedes Wort ist wichtig im Zusammenhang mit deinem Ziel. Lass dir Zeit, bleib in der Vorfreude, dass deine Wünsche in Erfüllung gehen. Wenn ein Zweifel hochkommt, lass ihn vorbeiziehen. Gib ihm einfach keine Aufmerksamkeit.

Schenk an jedem Abend dieser Woche deine liebevolle Aufmerksamkeit den Zielen, die du erreichen willst. So können Wunder geschehen.

11

Das Glück liegt in uns, nicht in den Dingen.

FRANÇOIS DE LA ROCHEFOUCAULD

12 Die Kraft der Imagination

Einfach so tun, als ob

Beim Wünschen ist es wesentlich, sich in eine positive Stimmung zu versetzen, um das Gewünschte in sein Leben zu ziehen. Wenn du einen Wunsch präzise formuliert hast und deine Vision klar vor deinem inneren Auge siehst, folgt der nächste Schritt: Du versetzt dich gefühlsmäßig in den Zustand, als ob du das Gewünschte bereits hättest. Damit richtest du dein Resonanzfeld auf Erfolg aus.

Wähle einen deiner Wünsche und probier es aus: Spüre mit allen deinen Sinnen, wie es ist, wenn du bereits an deinem neuen Wunscharbeitsplatz sitzt, den Schreibtisch voll mit interessanten Aufträgen und umgeben von Kollegen, die dich schätzen. Tu so, als wäre der Wunsch bereits erfüllt.
Oder arbeite an deinem Selbstwert: Tu diese ganze Woche über so, als ob dein Selbstwertgefühl geradezu riesig wäre. Wenn du bei diesem Gefühl bleibst, signalisierst du deinem Unterbewusstsein, dass du zu mehr Standfestigkeit durchaus fähig bist. Deine Ausstrahlung verändert sich. Das positive Feedback darauf wertet dein Selbst als Belohnung – und fühlt sich zunehmend wohler. Du kannst dann bald mit Leichtigkeit Ja oder Nein sagen, lässt dich nicht mehr so schnell vereinnahmen, sondern tust genau das, was du wirklich willst. Dein Umfeld wird dies als Stärke wahrnehmen und dich mehr und mehr achten. Wenn du genug Lorbeeren gesammelt hast, gehst du einen Schritt weiter: Tu einfach so, als seiest du uneingeschränkt liebenswert. Du springst auf diese Weise eine Ebene höher und fühlst dich gleich jetzt liebenswert. Deine Umgebung wird dir gut gelaunt folgen. Glück ist eine Entscheidung!

Tu so, als sei es eine absolut glückliche Woche! Dann wird sie es auch.

12

Wo man Liebe sät, da wächst Freude.

SPRICHWORT

13 Reinigung des Resonanzfeldes

Lichtvoller Wasserfall

Unser Resonanzfeld, die Energie um uns herum, ist vielen Einflüssen ausgesetzt. Negative Gedanken, oft aus der Vergangenheit, unangenehme Emotionen und Erfahrungen, all das lagert sich dort ab und schwingt in jeder aktuellen Situation mit. Deshalb ist es wichtig, das Resonanzfeld regelmäßig zu reinigen und zu schützen.

Wasser ist seit Menschengedenken das heilige Element der seelischen und körperlichen Reinigung. Es ist ein großartiges Erlebnis, sich draußen unter einen Wasserfall zu stellen. Wir fühlen uns sogleich eins mit der Natur und der Schöpfung. Das erfrischende Nass spendet uns neue Kraft und lässt Überflüssiges von uns abfließen. Genau diese Eigenschaften können wir uns auch zu Hause zunutze machen – unter der Dusche. Gebrauche beim Duschen deine Vorstellungskraft, um vor deinem geistigen Auge einen schönen Wasserfall entstehen zu lassen. Sieh, wie die Wassertropfen in der Sonne glitzern. Die Wasserstrahlen perlen an deinem Körper herab und nehmen alle negative, graue, schmutzige Energie mit. Alle unangenehmen Begegnungen des Tages, bei der Arbeit, auf dem Nachhauseweg oder beim Einkaufen fließen von dir ab.
Dusche in dieser Woche am besten jeden Tag mit dem Bild des reinigenden Wasserfalls. Dabei spürst du, wie du immer strahlender wirst. Nach dieser siebentägigen »Kur« kannst du die Übung immer dann wiederholen, wenn dich etwas belastet oder du dich energetisch »unrein« fühlst.

Mach dieses kleine Wasserfall-Ritual abends kurz vor dem Schlafengehen und sieh dir danach keine Nachrichten mehr an, sondern höre erhebende Musik oder lies ein schönes Buch.

13

Wer ständig glücklich sein möchte, muss sich oft verändern.

KONFUZIUS

14 Ich bin Liebe

Ein liebevolles Resonanzfeld erzeugen

Liebe ist die größte Heilkraft – und sie ist deine wahre Natur. Eine kleine Meditation bringt dich in ihr Resonanzfeld, die Basis für ein glückliches Leben.

Such dir einen geschützten Raum in deiner Wohnung, in dem du ein paar Minuten ungestört verweilen kannst. Leg eine ruhige Musik auf und setze oder lege dich entspannt hin. Atme ein paar Mal tief ein und aus, am besten in den Unterbauch. Wenn du magst, kannst du auch eine Hand dorthin legen, um die tiefe Atmung besser zu spüren. Lenk deine Aufmerksamkeit nun auf die Herzgegend. Stell dir vor deinem geistigen Auge vor, wie du lächelnd im heiligen Raum deines Herzens sitzt, und sage dir: »Ich bin Liebe.« Lausche auf den Nachhall dieser Worte. Spür in dich hinein, was diese Worte in dir auslösen. Sobald sich irgendwo im Körper Widerstand regt, wiederholst du ruhig den Satz. Wieder lauschst du aufmerksam und sagst den Satz. Spür tief in dich hinein, bleib bei deinem liebevollen Gefühl, schenke diesem Satz deine volle Aufmerksamkeit. »Ich bin Liebe.« Wenn negative oder zwiespältige Gefühle auftauchen, nimm sie wahr und bedanke dich bei ihnen dafür, dass sie dich bis jetzt begleitet haben. Wenn du mittendrin Sätze von anderen hörst oder Personen siehst, die dich nicht liebevoll behandeln, dann sage ihnen innerlich, dass du dich entschieden hast, bei der Liebe zu dir selbst zu bleiben. Sage dir dann immer und immer wieder diesen Satz: »Ich bin Liebe.« Sage ihn, bis er zu deiner tiefsten Überzeugung wird. Denn er ist die Wahrheit.

Diese kleine Meditation solltest du in dieser Woche – und gern darüber hinaus – jeden Tag machen. Es wird dir mit jedem Mal leichter fallen, dich in das Resonanzfeld der Liebe zu bringen.

14

Wo Liebe ist und Weisheit, da ist weder Furcht noch Ungewissheit. FRANZ VON ASSISI

15 Glücksbarometer

Positive Erinnerungen nutzen

Jeder Mensch, ob jung oder alt, hat in seinem Leben schon mal das Gefühl gehabt, zu 100 Prozent glücklich zu sein. Die Erinnerung an bereits erlebtes Glück lässt unser Gehirn wieder Glückshormone ausschütten. Wir empfinden diesen Moment genauso intensiv wie den damaligen. Diese glückliche Stimmung willentlich zu erzeugen, ist wesentlich, wenn du deine Ziele positiv »aufladen« willst.

Wünsche und Ziele präzise zu formulieren, das ist der erste Schritt. Dann aber brauchen sie die nötige emotionale Kraft, um sich zu verwirklichen. Unser Herz ist der Träger der Überzeugungskraft – der Motor für die Erschaffung unserer Wirklichkeit. Erinnere dich also an etwas, das dein Herz schon einmal berührt, etwas, das dich in der Tiefe deines Seins glücklich gemacht hat. So ist dieses positive Gefühl abrufbar, wenn du Kraft für deine Ziele brauchst.

Um die schönsten Momente deines Lebens zu benennen, nimm Papier und Stift zur Hand. Zeichne eine horizontale Linie und teile sie in Zeitabschnitte deines Lebens ein. Das können Fünf- oder Zehnjahres-Schritte sein. Mach an dem Lebensjahr, an dem du dich schon einmal zu 100 Prozent glücklich gefühlt hast, einen kleinen Punkt und schreibe das Ereignis dazu. Sammle die ganze Woche über glückliche Erinnerungen aus deinem bisherigen Leben. Dir wird durch diese Übung bewusst, wie viel Schönes du bereits erlebt hast. Dieses Glücksgefühl wird fortan die Basis für deine Wunschenergie bilden.

Wenn du das nächste Mal mit deinen Wünschen arbeitest oder eine Wunschcollage zusammenstellst, dann versetze dich zuvor in diese glückliche Stimmung – das ist das beste Resonanzfeld, um Wunder in dein Leben einzuladen.

Alles Gute, was geschieht, setzt das nächste in Bewegung.

JOHANN WOLFGANG VON GOETHE

16 Herzensbotschaften

Schick dir jeden Tag einen Liebesbrief

Wir warten oft darauf, dass andere uns das geben, was wir uns wünschen. Das ist jetzt vorbei! Gib dir selbst das, was dich glücklich macht. Wenn du es dir schenkst, dann fängt dein Umfeld auch an, dir das Ersehnte zu geben – so funktioniert das »Spiel« mit der Resonanz.

Für dieses zauberhafte Ritual brauchst du sieben Blätter, sieben Briefumschläge und sieben Briefmarken. Du kannst die Briefumschläge vorab alle auf einmal beschriften und frankieren. Die Adresse ist deine eigene! Am ersten Abend geht es dann los: Leg schöne Musik auf, zünde eine Kerze an – und schreib dir selbst einen Liebesbrief. Du solltest regelrecht ins Schwärmen geraten! Schreib auf, wie sehr du dich magst, wie wertvoll du dich findest, was du in letzter Zeit besonders toll gemacht hast und wie viel dir in deinem Leben schon gelungen ist. Sieh dich mit den Augen der Liebe, betrachte ausnahmslos deine schönen Seiten. Erzähle dir selbst auf dem Papier, wie einzigartig du bist. Schreib in deiner schönsten Schrift deine schönsten Worte. Du kannst den Brief mit hübschen Aufklebern schmücken oder süße Glitzersachen in den Briefumschlag tun. Nimm dir in dieser Woche jeden Abend dafür Zeit und steck den Brief am folgenden Morgen in den Briefkasten. So wirst du bald jeden Tag liebevolle Post bekommen. Vielleicht willst du ein paar der Briefe auch einem Vertrauten geben, der sie »irgendwann« einwirft – eine tolle Überraschung für dich. Lies immer mal wieder deine Liebespost.

Diese liebevollen Botschaften werden dich ständig daran erinnern, wie wundervoll du bist und wie glücklich du sein kannst, so eine fantastische Persönlichkeit zu sein.

16

Gib jedem Tag die Chance,
der schönste deines Lebens zu werden. MARK TWAIN

17 Eine Kugel aus purem Licht

Schutzmeditation

Wir haben alle ab und an mit Menschen zu tun, die uns nicht wohlgesinnt sind. Wir fühlen uns kritisch beobachtet oder abgelehnt; vielleicht haben wir das Gefühl, dass hinter unserem Rücken negativ über uns gesprochen wird. Manchmal fühlen wir uns sogar regelrecht »gemobbt«, sodass es uns beispielsweise im Job fast unmöglich wird, uns auf unsere Aufgaben zu konzentrieren.

Nach dem Gesetz der Resonanz beeinflussen wir ununterbrochen das Energiefeld um uns herum und zwischen uns allen. Die anderen tun das ihrerseits natürlich auch. Wie kannst du dieses Feld transformieren, wenn dich andere zu sehr negativ beeinflussen? Ganz einfach: indem du dich erst mal nur auf dich und dein Wohlbefinden konzentrierst. Verwende keine kostbare Energie auf solche Gedanken wie: »Wie kann so etwas sein?« oder »Warum hat der oder die das oder das gesagt?« Damit kommst du nur in die Gedankenfalle der Interpretationen.
Du solltest Folgendes tun: Bevor du zu Menschen gehst, die dir eher unangenehm sind, stellst du dir vor deinem inneren Auge vor, wie dein ganzer Körper von einem lichtvollen Schutzschild umgeben ist. Sage dir: »Ich bin liebevoll beschützt. Alle negative Energie prallt von mir ab und kehrt zum Absender zurück. Ich bin in meiner Mitte.« Bleib von morgens bis abends in deiner Lichtkugel und kümmere dich nicht weiter um die anderen. Bleib in deiner Kraft.

Wichtig ist, dass du diese Schutzübung kontinuierlich machst. Übe sie in dieser Woche, ganz gleich, ob du aktuell Ärger mit deinen Mitmenschen hast oder nicht. So wie du jeden Tag deine Kleidung anziehst, so visualisierst du jeden Tag die Lichtkugel, die dich schützend umgibt.

17

Versuche stets, ein Stückchen Himmel über deinem Leben freizuhalten. MARCEL PROUST

18 Mein Schatzkästchen

Raum für Wunschenergie

Als Kinder träumten wir uns in ferne Welten hinein und machten mit unserer Fantasie aus Kleinigkeiten wahre Schätze. Wir haben kleine Figuren in Streichholzkistchen gelegt und behauptet, dass dies Zwerge seien, die lebendig sind, oder wir haben »wichtige Dinge« unter unserem Bett versteckt, zu denen nur wir und nur heimlich Zugang hatten.

Dieses magische Kind in uns laden wir in dieser Woche ein, mit uns zu träumen. Lass deiner spielerischen Freude freien Lauf und erwecke die Kreativität in dir! Bastle dir ein kleines Schatzkästchen und verstecke es an einem Ort, den nur du kennst. Lass dieses Schatzkästchen dein heiligstes Geheimnis sein. Widme in dieser Woche jeden Tag mindestens 15 Minuten dem Bestücken dieses Kästchens. Leg hinein, was auch immer dir wertvoll erscheint: dein Lieblingsgedicht, dein erstes Schmuckstück, deine Wunschliste, Spielsachen, die dein inneres Kind gern zum Spielen hat, Zeichnungen deiner Träume. Überlege dir jeden Tag, was du noch als Symbol für deinen inneren Schatz in dieses Kästchen legen möchtest. Vielleicht glitzernde Glassteine? Oder Zahnräder aus einer Uhr – als Symbol für deinen Erfindergeist? Betrachte deinen Schatz und träume dich in ihn hinein. Du kannst auch deine Wunschliste jeden Tag durchlesen und noch bessere Formulierungen finden, bevor du sie wieder in dem Kästchen verstaust.

Erzähle niemandem von der Übung! Wünsche brauchen Ruhe, um zu wachsen, sie reagieren sehr empfindlich auf die unqualifizierte Meinung anderer. Lass den Elfen, Engeln, Rittern, Seeräubern oder Feen viiiiel Zeit, sich um die Erfüllung deiner Träume zu kümmern.

18

Denn wo dein Schatz ist, da ist auch dein Herz.

AUS DEM MATTHÄUS-EVANGELIUM

19 Dankbarkeit leben

Der Turbo für die Wunscherfüllung

Um in die richtige Wunschkraft zu kommen, solltest du dir immer wieder das Wunder des Lebens bewusst machen. Oft nehmen wir seine Geschenke als selbstverständlich hin und bemerken nicht einmal mehr, wie reich wir sind. Erst wenn uns oder uns nahestehenden Menschen etwas Schlimmes widerfährt, erinnert uns die Erschütterung daran, dankbar für das zu sein, was wir sind und was wir haben.

Um dich dafür zu sensibilisieren, wie wundervoll dein Leben bereits verläuft, kannst du in dieser Woche eine Liste mit all dem erstellen, wofür du dankbar bist. Notiere dir jeden Tag, wofür du dich beim Leben bedanken möchtest. Mach dir jede Kleinigkeit bewusst und denk natürlich auch an die großen Dinge. Am Anfang wirst du sicher sehr bedeutsame Gründe für deine Dankbarkeit aufschreiben: deine Partnerschaft, deine Gesundheit, deine Kinder, deinen Beruf … Mit der Zeit wird dein Blick dann wahrscheinlich auch auf die vielen, vielen kleinen Dinge des Alltags gelenkt, die dich glücklich machen, wenn du sie mit Achtsamkeit betrachtest. Das kann der Sonnenstrahl sein, der durch eine Baumkrone glitzert. Oder ein Kompliment, das du bekommst. Ergänze deine Liste der Dinge, für die du dankbar bist, immer weiter und besprich deine Erfahrungen mit dieser Übung auch mit lieben Menschen. Dankbarkeit weitet unser Herz und verbindet uns mit der Liebe für das Leben, die immer in uns wohnt.

Wenn du dich in dankbarer Stimmung mit deinen Zielen befasst, dann lädst du sie mit positiver Energie auf. Bedanke dich, sobald du deine Wünsche klar vor Augen hast, für ihre Erfüllung. So gehst du davon aus, dass sie Wirklichkeit werden – und das werden sie dann auch.

19

Dankbare Menschen sind wie fruchtbare Felder.
Sie geben das Empfangene zehnfach zurück.

AUGUST VON KOTZEBUE

20 Leuchtkraft entwickeln

Meditation für mehr Charisma

Jeder Mensch ist auf seine Weise schön. Schönheit kommt von innen, sagt man. Es ist die innere Haltung zu uns selbst, die maßgeblich für unsere Ausstrahlung ist. Charisma kann man also entwickeln.

Um deine Leuchtkraft zu verstärken, empfiehlt es sich, diese Meditation jeden Tag für fünf Minuten zu machen – zumindest in dieser Woche.

Setze oder lege dich an einem ruhigen Ort entspannt hin. Atme ein paar Mal tief in den Unterbauch. Stell dir nun vor deinem geistigen Auge vor, wie du auf einer sonnendurchfluteten Lichtung stehst. Visualisiere lichtvolle Wurzeln aus deinen Füßen heraus, die sich bis zum Mittelpunkt der Erde verzweigen. Zugleich fließt lichtvolle Energie durch deine erhobenen Arme in Richtung Sonne. Du stehst als vollkommene Verbindung zwischen Himmel und Erde an deinem Platz. Entscheide dich, die liebevolle Energie von Mutter Erde und die lichtvolle Energie von Vater Himmel in deinen Körpermittelpunkt fließen zu lassen. Du sammelst Licht und Liebe in deinem Solarplexus, bis die gelb-goldene Energiekugel groß und kraftvoll ist. Sie strahlt lebendig in dein ganzes Umfeld aus. Sage dir jetzt: »Ich bin die Sonne. Meine Ausstrahlung ist lebendig und voller Licht.« Lass dann diese sonnige Energie zu deinem Herzen aufsteigen. Wenn der Raum in deinem Herzen überfließt von Licht und Liebe, gehst du mit der Aufmerksamkeit zu deinen Augen und sagst dir: »Meine Augen sind voller Glanz und Strahlkraft. Meine liebevolle Seele strahlt durch meine Augen. Ich bin charismatisch und strahle vollkommene Schönheit aus.«

Du übst dich in dieser Woche darin, deine innere Sonne nach außen leuchten zu lassen. Erfreue dich an deinem neuen Selbstbewusstsein.

Es ist unglaublich, wie viel Kraft die Seele dem Körper zu leihen vermag. WILHELM VON HUMBOLDT

21 Ringsum der Zauber des Lebens

Goldstück-Momente sammeln

Es gibt eine schöne Geschichte, die ich einmal gelesen habe: Eine Frau spazierte durch die Stadt. Sie hatte in der linken Manteltasche viele Murmeln, und immer, wenn sie einen glücklichen Moment erfuhr, beförderte sie eine Murmel in die rechte Manteltasche. Am Abend war die rechte Tasche voller Murmeln und ihr wurde bewusst, wie viele Glücksmomente sie gesammelt hatte.

Dieses kleine Ritual möchte ich dir für diese Woche empfehlen. Du kannst Murmeln, Perlen oder Kieselsteine benutzen – oder einfach jeden Morgen in dein Wunschbuch »Heute ist ein guter Tag, weil ...« schreiben. Dann trägst du es bei dir und immer, wenn du etwas Zauberhaftes, Liebenswertes oder Schönes beobachtet oder erlebt hast, notierst du es. Wenn du es dann am Abend zum Tagesabschluss liest oder deine rechte Jackentasche ausräumst, dann beschenkt dich deine Erinnerung noch einmal mit den erlebten Glücksgefühlen. Dieses Ritual öffnet dir Augen und Herz für die vielen wundervollen Momente, die du tagtäglich bereits erlebst. Um ein positives Resonanzfeld zu erzeugen und dauerhaft zu halten, ist dieses kleine Ritual außerordentlich hilfreich. Immer wenn du merkst, dass du ins Negative zurückfallen könntest, fang an, »Goldstück-Momente« zu sammeln. Wenn du dich zu einem strahlenden und positiven Menschen entwickelst, werden die anderen sich gern in deinem Umfeld aufhalten. Resonanzfelder sind ansteckend! Du wirst ihre Liebe und Anerkennung spüren und das wird dein Selbstwertgefühl steigern.

Und dann? Wenn dein Selbstwertgefühl steigt, dann wird dir noch mehr Respekt entgegengebracht. So lebst du bald deine wahre Größe.

21

Die Lebensspanne ist dieselbe, ob man sie lachend oder weinend verbringt. JAPANISCHE WEISHEIT

22 Pure Lebensfreude

Die Organe zum Lächeln bringen

Es gibt eine zauberhafte Meditation, die dich schnell in die richtige Stimmung für ein positives Resonanzfeld bringt. Eine freudige Grundenergie ist schließlich die Basis für den Erfolg deiner Vorhaben.

Mach diese kurze Meditation in dieser Woche zu Beginn eines jeden Tages oder auch deines Berufsalltags. Sie dauert nur wenige Minuten und ist sehr effektiv. Setze dich ruhig und entspannt hin. Das kann auf einem Bürostuhl sein oder zu Hause auf einem großen Kissen auf dem Boden. Wichtig ist nur, dass du in dieser kurzen Zeit völlig ungestört sein kannst. Schließ die Augen. Atme ein paar Mal tief ein und aus. Beobachte deinen Atem und führe ihn tief in den Unterbauch. Mach mindestes zehn tiefe Atemzüge, bevor du zum nächsten Schritt übergehst. Stell dir nun vor deinem geistigen Auge vor, wie deine Organe – eines nach dem anderen – anfangen zu lächeln. Vielleicht magst du dir sogar vorstellen, wie ein Smiley auf jedem Organ entsteht. Beginne mit den Organen im Unterbauch, wandere mit deiner Aufmerksamkeit zu den Geschlechtsorganen, dem Dickdarm, dem Dünndarm, den Nieren, der Leber, der Galle, der Milz, dem Magen ... Spürst du, wie es im Bauch anfängt zu grinsen und zu kitzeln? Wie alle Organe sich freuen, da sie mit positiver Energie und Freude gefüllt sind? Wenn du das Gefühl hast, du könntest vor Freude in die Luft springen, dann öffne die Augen und blicke mit einem Lächeln um dich. So kann der Tag wundervoll beginnen!

Inzwischen hast du schon so einige Übungen praktiziert, die dir ein positives Resonanzfeld schenken. Nutze sie auch in den kommenden Wochen nach Lust und Laune, damit dein Strahlen immer heller und kraftvoller wird.

22

Der Körper ist der Übersetzer der Seele ins Sichtbare.

CHRISTIAN MORGENSTERN

23 Die Magie der kleinen Schritte

Entspannt und freudig vorangehen

Oftmals ist die Angst vor einer Veränderung größer als die Veränderung selbst. Um dich nicht zu überfordern, könntest du, gerade wenn Großes ansteht, mit kleinen Wünschen anfangen. Jede große Reise beginnt schließlich mit dem ersten Schritt. Sei geduldig mit dir selbst! Wünsch dir erst mal Kleinigkeiten, von denen nicht dein Seelenheil abhängt. Dinge, bei denen dein Verstand locker bleibt. Denn es ist ja »nur ein Spiel«, oder?

Verabschiede dich vom Leistungsdenken und kreiere einen inneren Raum, in dem deine Ziele spielerisch erlangt werden können. Wie das geht? Durch die Kombination von Selbstvertrauen, kindlicher Freude, Enthusiasmus und spielerischer Leichtigkeit. Sei immer gut gelaunt und entspannt, wenn du etwas erreichen willst. Nur in der Entspannung können wir in Resonanz gehen mit allem, was ist. Und nur dann können wir die Dinge auch als Teile des großen Ganzen erkennen. Wenn wir eng, streng und voreingenommen sind, dann übersehen wir oft die Möglichkeiten, die das »Schicksal«, der »Zufall« uns bietet. Wünsch dir immer mal wieder den berühmten Parkplatz oder einen Sitzplatz in der U-Bahn, eine angenehme Arbeitsatmosphäre, immer an der schnelleren Kasse anzustehen, eine »zufällige« Begegnung, die dir einen Vorteil bringt ... Deiner Fantasie sind keine Grenzen gesetzt. Wenn du Vertrauen in deine Fähigkeiten bekommst, das Gewünschte in dein Leben zu ziehen, dann bist du auch bereit für die größeren und für die richtig großen Ziele.

Steigere dich in dieser Woche langsam: von den kleinen zu den immer größeren Wünschen. So bleibst du in deiner Freude und kannst das Leben als das Wunder betrachten, das es ist.

Man kann das Gras nicht zum Wachsen bringen, indem man daran zieht. LAOTSE

24 *Wohlstand manifestieren*

Sich mit der Fülle verbinden

Für die meisten Menschen ist es leicht, sich innerlich reich zu fühlen – aber diesen inneren Reichtum mit äußerem Wohlstand zu verbinden, fällt vielen schwer. Doch innerer ebenso wie äußerer Reichtum sind im Überfluss vorhanden. Du kannst dich an die unerschöpfliche Quelle anschließen, indem du die Fülle in dein Leben einlädst. Dafür empfiehlt sich folgende Meditation.

Setze oder lege dich entspannt hin. Schließ die Augen und atme tief und gleichmäßig. Lass die Gedanken einfach vorbeiziehen wie Wolken am Himmel. Lass dir Zeit, um dich vollkommen zu entspannen. Sobald du dich bereit fühlst, lässt du vor deinem geistigen Auge das Bild eines Sternenhimmels entstehen: eine klare, warme, wunderschöne Nacht. Du stehst auf einem Hügel und blickst in den Himmel. Die Sterne glitzern und funkeln auf dich herab. Du breitest die Arme nach oben aus und atmest diese Schönheit tief in dein ganzes Sein hinein. Du fühlst dich mit den Sternen verbunden, wie ein reines Kind erfreust du dich an der Fülle des Universums. Da siehst du, wie die funkelnden Sterne wie Sternschnuppen auf dich herabregnen und wie Goldstaub auf dich niederfallen. Du breitest die Arme aus, um all die glitzernde Schönheit zu empfangen.
Du fühlst dich reich beschenkt und gesegnet von der Fülle, die dich umgibt. Du sagst dir: »Ich bin innerlich und äußerlich reich. Reichtum ist mein natürlicher Zustand. Ich erlaube mir, meinen inneren Reichtum auch im Außen zu manifestieren.« Nimm dieses Gefühl der Fülle mit in dein Tagesbewusstsein hinein.

Sage dir diese Affirmationen immer wieder. Lass sie durch die tägliche Wiederholung selbstverständlich werden und dein Leben erfüllen.

24

Erfolg ist eine Reise, kein Ziel.

SPRICHWORT

25 Reichtum verschenken, Freude ernten

Lass überall ein bisschen Geld fallen

Wir haben oft eine sehr negativ geprägte Haltung zu Geld. Dabei ist Geld völlig neutral, es ist einfach ein Tauschmittel. Doch unser Urteil darüber nimmt manchmal seltsame Formen an, so ist Geld angeblich »schmutzig«, und von Reichen wird gern behauptet, sie haben den Besitz unredlich an sich gerissen und andere Menschen ausgebeutet. Sicher kennst du auch das: Ein spiritueller Mensch darf nicht reich sein. Alles nur veraltete Glaubenssätze!

Wie ist deine Einstellung zum Geld? Hast du zu viel oder zu wenig, fühlst du dich reich gesegnet oder knabberst du am Existenzminimum? Die innere Einstellung zum Geld ist wesentlich – Geld kommt nur zu denen, die es energetisch »einladen« und sich mit der Fülle verbinden. Genau dafür ist dieses kleine Ritual sehr effektiv. Du öffnest dich selbst wieder der Großzügigkeit und spürst, wie viel Freude du mit Geld machen kannst: Nimm ein paar kleinere Cent-Münzen und lass sie in der Stadt unbemerkt fallen. Was für Gefühle entstehen? Beobachte auch die Finder deiner Gabe: Was machen sie für ein Gesicht? Wie ist ihre Reaktion? Wie geht es dir, wenn du die Reaktionen siehst? Fühlst du dich reich, weil du Freude geschenkt hast? Macht es dir Spaß, Menschen in ihrer Überraschung zu beobachten?

Mach dieses kleine Spiel in dieser Woche jeden Tag an einer anderen Stelle. Schau, was passiert. Bringt man dir dein Geld manchmal wieder zurück? Was für Gespräche entstehen? Lass die Münzen auch an deiner Arbeitsstelle fallen oder an der Bushaltestelle. Schreib dir deine Erlebnisse jeden Abend auf.

Deine Einstellung zum Geld wird sich in dieser Woche auf jeden Fall verändern. In welche Richtung? Lass dich überraschen!

25

Was bedeutet schon Geld? Ein Mensch ist erfolgreich, wenn er zwischen Aufstehen und Schlafengehen das tut, was ihm gefällt. BOB DYLAN

26 Im Leben zu Hause sein

Welchen Raum nimmst du dir?

Weißt du noch, wie es war, als du dich als kleines Kind in deinem Zimmer vollkommen in deine eigene Welt zurückgezogen hast? Oder hattest du kein eigenes Zimmer? Musstest du es mit deinen Geschwistern teilen? Nicht nur, wenn es um deine Wohnung oder dein Haus, um einen Umzug oder einen Ortswechsel geht, lohnt es sich, die Fähigkeit zu betrachten, einen eigenen, energetischen Raum für sich zu beanspruchen.

Nimm dein Wunschbuch zur Hand und male dein Kinderzimmer. Wo hast du geschlafen, wo hast du gespielt oder dich versteckt? War deine Zimmertür immer offen? Konnte jeder rein- und rausgehen, wie er wollte? Oder konntest du auch ungestört mit dir allein sein? Sind deine Eltern einfach so ohne Anklopfen in dein Zimmer gekommen und haben etwas von dir gefordert? Erinnere dich.

Nun sieh dir den Bezug zu deinem jetzigen Leben an. Was hat das Vergangene mit dir heute zu tun? Kannst du deinen eigenen Raum für dich beanspruchen? Damit ist nicht nur der physische Raum gemeint, sondern der persönliche Raum in Bezug auf Beziehung, Beruf oder andere Themen. Hast du öfter das Gefühl, jeder könne mit dir machen, was er wolle? Kannst du »die Tür hinter dir zumachen«? Wie viel Raum gestehst du dir zu? Lass deine Gedanken und Gefühle schweifen und notiere alles Wichtige, was dir auffällt. Für das Erreichen deiner Ziele ist es sehr bedeutsam, sich in einem stimmigen Maße Raum zu nehmen. Dieses Maß musst du immer wieder neu für dich bestimmen. Erweitere allmählich deinen Rahmen. Teste aus, wie weit du dich traust.

Wenn du dir mehr Raum zugestehst, gestehst du dir auch zu, über dich selbst hinauszuwachsen.

26

Ich kenne keinen sicheren Weg zum Erfolg,
aber einen sicheren Weg zum Misserfolg:
Es allen recht machen zu wollen. PLATON

27 *Erfüllt arbeiten*

Eine Meditation für Beruf und Berufung

Berufliche Zufriedenheit, Anerkennung der Kollegen, Karrierechancen – das sind wichtige Faktoren für unser Glück. Verbringen wir doch die meiste Zeit unseres Lebens mit der Arbeit. Wenn uns aber unsere Tätigkeit nicht erfüllt und wir nur »funktionieren«, kann das auf Dauer nicht gut gehen.

Um dir einen besseren Arbeitsplatz zu erschaffen, deinen bestehenden zu optimieren oder deine wahre Berufung zu finden, kann diese Meditation sehr hilfreich sein. Zuerst solltest du dir dafür präzise aufschreiben, was du beruflich willst. Nimm dir ein paar Minuten Zeit, zieh dich zurück und atme tief und gleichmäßig ein und aus. Nur in der Entspannung finden die Impulse deiner inneren Stimme Gehör. Schreib alle deine beruflichen Bedürfnisse auf. Schließe dann die Augen und stell dir vor, wie du zu deiner Wunsch-Arbeitsstelle gehst. Bist du angestellt oder selbstständig? Sitzt du in einem Raum oder arbeitest du in der Natur? Sage dir jetzt innerlich: »Ich habe die optimale Arbeit gefunden. Ich gehe voller Freude meiner wahren Berufung nach. Ich bin beliebt und werde geachtet. Ich kann meine Fähigkeiten optimal zum Ausdruck bringen. Ich entwickle mich weiter, mein Wachstum wird liebevoll anerkannt.« Stell dir vor, wie du durch die Räume gehst und dir lauter lächelnde Menschen entgegenblicken. Stell dir vor, wie die Einrichtung deiner Arbeitsstelle sein soll: In welchem Stockwerk arbeitest du, wie viele Fenster gibt es dort, welche Pflanzen, was für Möbel? Visualisiere dein Gehalt und spüre, wie zufrieden und glücklich du bist.

Mach diese Meditation so oft du magst – mit immer deutlicheren Details. Praktiziere sie so lange, bis sich deine Vision erfüllt.

27

Lebenskunst besteht darin, die eigene Natur mit der eigenen Arbeit in Einklang zu bringen. LUIS DE LEÓN

28 Liebevolle Partnerschaft

Was kennst du und was willst du?

Die größte Sehnsucht des Menschen ist die nach einem liebevollen Partner. In einer Beziehung können die größten Verletzungen liegen, aber auch die größten Wachstumschancen. Mit der folgenden Übung legst du den Grundstein für eine erfüllte Partnerschaft. Und wenn du bereits einen Partner hast bist, kann es damit noch schöner werden.

Zieh dich an deinen ganz persönlichen Ort zurück. Nimm dein Wunschbuch oder ein Blatt Papier und teile es in drei Spalten ein: »Was wünsche ich mir von meinem Partner?«, »Was bin ich bereit, in die Partnerschaft hineinzugeben?« und: »Was habe ich bisher erlebt? Gibt es da einen Bezug zu meinen Wünschen?« Nimm dir nun jeden Tag 15 Minuten Zeit, um diese drei Spalten auszufüllen und dich ganz bewusst damit zu beschäftigen, was du in einer Liebesbeziehung erwartest und was du bisher erlebt hast. Was kannst du ändern, damit du die gewünschte Qualität in der Partnerschaft findest?
Denke daran, dass du deinen Partner nicht ändern oder manipulieren kannst und darfst. Du kannst lediglich dich selbst dahingehend verändern, dass dein Partner dir andere Dinge widerspiegelt. Wenn du dich zum Beispiel selbst nicht achtest, dann darfst du nicht überrascht sein, wenn dein Partner dich nicht achtet. Wenn du deine Licht- und Schattenseiten kennen und lieben lernst, wird sich deine Beziehung in vielerlei Hinsicht verbessern.

Nutze die Liste, um deiner Beziehungsfähigkeit auf den Grund zu gehen – und dir dann den für dich passenden Partner zu wünschen. Das kann der jetzige sein, der »plötzlich« neue Seiten zeigt, oder jemand neues, der dich so liebt, wie du bist, weil auch du dich so liebst, wie du bist.

28

Behandle dein Gegenüber immer so,
wie du von ihm erwartest, dass es dich behandelt.

VOLTAIRE

29 Vor dem Spiegel

»Ich liebe meinen Körper«

Dies ist eines der kraftvollsten täglichen Rituale. Es hat sich auch als sehr effektiv fürs Abnehmen erwiesen. Da über das Übergewicht hinaus sehr viele grundsätzliche Probleme aus mangelnder Selbstliebe entstehen, ist es grundlegend wichtig, sich auf allen Ebenen lieben zu lernen. In dieser Woche geht es um die des Körpers.

Stell dich vor den Spiegel – am besten unbekleidet – und betrachte dich mit einem liebevollen Blick. Lass all die bisherigen abwertenden Sätze über deinen Körper einfach mal beiseite und schau dich nur aufmerksam an. Sage dir, wie schön du dich findest, von Kopf bis Fuß. Fang zum Beispiel so an: »Ich liebe meine Haare, sie sind wunderschön. Ich liebe meine Augen, sie sind strahlend schön. Ich liebe meine Nase, danke, dass ich durch dich atmen darf. Ich liebe meinen Mund, aus ihm spreche ich liebevoll über

mi
fin
ger
imr
zun
Wer
sieh
lieb … von ganzem Herzen. Ich
bin wundervoll. Ich erlaube mir voller Leichtigkeit durchs Leben zu gehen. Mein Körper hat die optimale Figur.«

Tu dies jeden Tag für etwa fünf Minuten morgens im Bad. Du wirst sehr bald positive Veränderungen feststellen. Dein Selbstvertrauen wird wachsen und dein Körper wird seine optimale Form bekommen können, weil er nicht mehr nach Aufmerksamkeit hungern muss.

29

Ganz gleich, wie beschwerlich das Gestern war,
stets kannst du im Heute von Neuem beginnen. BUDDHA

Gesundheit

n

Richtung »Ich bin gesund« zu orientieren. Eine Meditation soll dich dabei begleiten, deine mentale Kraft zu stärken und deine Selbstheilungskräfte zu aktivieren. Zieh dich dafür an einen ruhigen Ort zurück und setze oder lege dich entspannt hin. Nur du und dein Körper sind jetzt wichtig. Lass mit jedem Ausatmen die Anspannung los und atme neue, lichtvolle Energie ein. Nimm Kontakt zu deinen Füßen auf und entspanne sie. Wandere langsam über deine Unterschenkel, Knie, Oberschenkel, den Beckenboden und den Bauchraum nach oben, zum Brustraum, den Händen, Armen, dem Hals, dem Kopf und dem Gesicht. Entspanne all diese Regionen.

terschenkel, Knie, Oberschenkel, den Beckenboden und den Bauchraum nach oben, zum Brustraum, den Händen, Armen, dem Hals, dem Kopf und dem Gesicht. Entspanne all diese Regionen.

Stell dir nun vor, wie du leichter und leichter wirst, als ob du über dem Boden schwebst. Sage dir: »Ich bin gesund. Jede Zelle meines Körpers nimmt ihre Aufgabe auf vollkommene Weise wahr. Meine inneren Organe arbeiten perfekt. Alle meine körperlichen Vorgänge sind harmonisch. Ich bin und bleibe gesund. Ich bin verbunden mit der Weisheit meines Körpers. Ich spüre seine Signale rechtzeitig und kümmere mich liebevoll um ihn.« Kehre dann langsam ins Alltagsbewusstsein zurück.

Wiederhole diese Meditation in dieser Woche jeden Tag für etwa 15 Minuten. Dein Körper wird es dir danken.

30

Gesundheit ist nicht alles,
aber ohne Gesundheit ist alles nichts.

ARTHUR SCHOPENHAUER

31 Du bist einmalig

Unabhängigkeit entwickeln

Es gibt einige ziemlich sichere Methoden, um sich selbst zu boykottieren. Eine besonders effektive Art ist der Vergleich mit anderen. Sinnloserweise vergleichen wir uns meistens mit Menschen, die außerhalb unserer Reichweite sind – solchen aus Hochglanzmagazinen oder der Werbung. Mittlerweile wissen wir sogar, dass diese Menschen gar nicht so schön, schlank, glücklich oder interessant sind und vieles nur ein Produkt der Retuschierkunst ist. Lassen wir also das Vergleichen sein!

Wenn wir starke Gefühle von Minderwertigkeit in uns tragen, kann uns ein Ideal aus der Werbung vorgaukeln, dass wir genau so sein müssten, um Erfolg zu haben. Doch solche Vergleiche lassen uns immer kleiner, älter, dicker, unansehnlicher, uninteressanter und grauer aussehen. Also Schluss damit! In dieser Woche lenkst du deine Aufmerksamkeit auf dich selbst. Du gehst durch die Straße, siehst andere Frauen und Männer und beobachtest dich. Sind da Kommentare wie: »So wie die möchte ich aussehen«, »Einmal so schlank sein«, »Diese Stupsnase – was würde ich dafür geben«, oder »Mann, hat der einen Six-Pack, der hat sicher mehr Erfolg bei Frauen als ich«? Sage sofort: Stopp! Kehr es um: Sieh die Menschen an und freu dich für sie, wie schön sie sind. Sage dir in Gedanken: »Sie sind wertvoll und einzigartig, so wie ich wertvoll und einzigartig bin.« Sei dir deiner eigenen Großartigkeit bewusst und erfreue dich an der Vielfalt der Schöpfung.

Ziel dieser Übung ist der innere Frieden mit dir. Nur wenn du in Harmonie mit dir und der Schöpfung bist, kannst du deine Ziele verwirklichen. Wenn du dich vergleichst, boykottierst du die Schöpferkraft in dir. Sieh deine Einzigartigkeit!

31

Ich meine, es müsste einmal ein sehr großer Schmerz über die Menschen kommen, wenn sie erkennen, dass sie sich nicht geliebt haben, wie sie sich hätten lieben können.

CHRISTIAN MORGENSTERN

32 Wünsch dich schlank

Ein kleines Ritual nach jedem Essen

Unser Körper »hört aufs Wort«. So kam einigen unserer Seminarteilnehmer die Idee, die mentale Kraft auch zum Abnehmen einzusetzen. Es klappte, einige haben sich einfach »schlank gewünscht«. Eine Frau hat damit sogar 35 Kilo abgenommen!

Viele – viel zu viele – Menschen lehnen ihr Äußeres ab. Sie fühlen sich dick, unansehnlich und demzufolge nicht liebenswert. Um unseren Körper – der uns stets geduldig zu Diensten ist – auf unsere Seite zu bringen, sollten wir lernen, ihn zu lieben und gut zu nähren. Wenn wir ans Essen denken, dann am besten nicht mit Verboten. Anstatt zu sagen: »Ich darf keine Schokolade essen«, solltest du sagen: »Jetzt esse ich einen Apfel.« Benutze keine Verneinungen, denn dann wird der Drang, Schokolade zu essen, zu einer fixen Idee. Viele simple Tipps helfen beim Abnehmen – wenn man sie umsetzt: Nimm mehr Obst und Gemüse zu dir und halte etwa fünf Stunden Pause zwischen den Mahlzeiten ein. Unser Körper braucht ausreichend Zeit zum Verdauen; wenn er ständig zwischendurch etwas bekommt, wird das Zuviel einfach irgendwo eingelagert.

Du kannst dir mit einem einfachen Mittel bewusst machen, was du isst, wann und wie oft du isst: Schreib in dieser Woche alles auf, was du zu dir nimmst. Dieses kleine Ritual nach jedem Essen und jeder Nascherei sorgt bereits dafür, dass die Pfunde purzeln. Denn du wirst dir darüber bewusst, wie viele sinnlose Kalorien du in dich hineinfutterst – und reduzierst automatisch die Essensmenge.

Auch wenn du eine perfekte Figur hast, kannst du es anwenden, um deine Ernährung zu optimieren! Frische lebendige Nahrung und gesundes Wasser können dir viel positive Energie geben!

Glück entsteht oft durch Aufmerksamkeit in kleinen Dingen, Unglück oft durch die Vernachlässigung kleiner Dinge. WILHELM BUSCH

33 Beziehungen untersuchen

Wer unterstützt, wer bremst?

Wir alle wollen uns eingebettet in einen Familien- und Freundeskreis fühlen. In unserem Leben gibt es dabei ein ständiges Kommen und Gehen von Menschen. Freunde, Familienmitglieder, Kollegen und Bekannte – manche bleiben jahrelang, andere nur eine kurze Zeit. Alle Menschen in unserer Nähe berühren uns auf irgendeine Art und Weise. Tun sie uns aber immer gut?

Sehr oft lassen wir uns von unseren Mitmenschen beeinflussen, ohne so richtig zu wissen warum. Manchen wollen wir gefallen, andere lehnen wir ab, einige unterstützen uns, andere kosten Kraft und sind wahre Energieräuber. Oft schwanken wir hin und her und wissen nicht genau, was wer an unterschiedlichen Gefühlen in uns auslöst. Um dir Klarheit zu verschaffen, welcher Mensch in deinem Leben förderlich oder hinderlich ist, kannst du wieder einmal die bewährte Technik der Liste anwenden. Sei absolut ehrlich zu dir selbst, lass dir Zeit – du kannst diese Liste die ganze Woche über immer wieder zur Hand nehmen und vervollständigen.

Mach drei Spalten: »Name«, »Fördernde Eigenschaften« und »Hinderliche Eigenschaften«. Nimm dir jeden Menschen aus deinem Leben vor und beleuchte ihn im Hinblick darauf, inwieweit er liebevoll und unterstützend ist. Finde diejenigen heraus, die deine Hilfsbereitschaft ausnutzen oder dich auf deinem Weg bremsen. Bald weißt du, welche Menschen du um dich haben willst und welche nicht mehr.

Sprich bei Menschen, die dir wichtig sind, liebevoll an, was dir nicht gefällt. Auf jeden Fall solltest du dein Glück und deine Weiterentwicklung als oberste Priorität betrachten. Dann ziehst du Menschen an, die dich unterstützen.

Willst du geliebt werden, so liebe!

SENECA

34 Die tiefere Intention

Was erfreut mein Herz?

Energie folgt der Aufmerksamkeit. Diese alte hawaiianische Regel aus der Huna-Tradition beschreibt in aller Kürze das Wesentliche zum Thema Herzenswünsche. Meine Empfehlung für diese Woche lautet daher, dich selbst ganz genau zu beobachten, um herauszufinden: Wo möchtest du deine Aufmerksamkeit hinlenken?

Um deine Herzenswünsche herauszufinden, ist es hilfreich, wenn du dich selbst bewusst erforschst. Vor allem, wenn du (noch) nicht weißt, wo die Lebensreise eigentlich hingehen soll, kann dir das die Augen öffnen. Sieh genau hin, womit du dich am liebsten beschäftigst. Womit verbringst du die meiste Zeit? Welcher Lebensbereich zählt zu deinen Favoriten? Bist du gern mit dir allein oder eher ein Familienmensch? Bist du ein Einzelgänger oder ein Teamplayer? Gehst du gern in die Natur oder bewunderst du architektonische Bauwerke? Bist du kreativ oder eher rational und logisch? Was begeistert dich? Was lässt dein Herz vor Freude hüpfen? Spüre deinen geheimsten Träumen nach – sie sind deine drängendsten Wünsche.

Stell dir diese Fragen jeden Tag und schreib die Antworten – so diffus sie teilweise zunächst sein mögen – in dein Wunschbuch. Die Überschrift könnte heißen: »Das bin ich, damit beschäftige ich mich am liebsten.« Untersuche dabei auch, welche Wünsche wirklich zu dir gehören und in welchen du letztlich nur äußeren Vorgaben – der Eltern, des Partners, deiner Umwelt – folgst.

Wenn du weißt, was dir Freude macht, geht dein Weg genau dahin. Das, wofür dein Herz schlägt, macht dich glücklich – und darum geht es doch schließlich, oder?

Wende dein Gesicht der Sonne zu, dann fallen die Schatten hinter dich. AFRIKANISCHES SPRICHWORT

35 Geheimste Wünsche wachrufen

Das innere Kind zum Strahlen bringen

Kannst du dich erinnern, was dich als Kind so richtig glücklich gemacht hat? Was mochtest du besonders gern? Was wolltest du werden? Was waren deine Hobbys? Gerade bei deinen Herzenswünschen solltest du unbedingt dein inneres Kind einbeziehen. Es weiß genau, was dich glücklich macht.

Das Kind in dir ist wissbegierig und voller Enthusiasmus für alles Neue – es wurde nur leider auf seinem Entwicklungsweg oft genug verletzt, abgelehnt oder traumatisiert. Um wieder in Kontakt mit ihm zu kommen, ist es am besten, du ziehst dich zurück und schließt für einen Moment die Augen. Ruf das Kind in dir, du kannst auch deinen Kosenamen dazu verwenden. Kannst du spüren, dass es sich meldet? Geh in einen Dialog mit deinem inneren Kind und frag es, was es im Moment braucht. Du wirst sehen, die Antwort kommt ziemlich schnell.

Wenn du Traurigkeit oder Trotz wahrnimmst, dann frag es, was du tun kannst, damit es ihm besser geht. Vielleicht willst du es umarmen und ihm sagen, wie lieb du es hast. Ein Kind braucht Geborgenheit, Sicherheit, Aufmerksamkeit und Unterstützung. Es braucht Anerkennung und will gesehen werden – wie wir als Erwachsene auch. Oft fallen wir in kindliche Reaktionen zurück, weil unser verletztes inneres Kind sich abgelehnt fühlt. Wenn wir den Kontakt zu ihm wiederherstellen, haben wir die größte Chance, unsere verletzten Emotionen zu heilen. Frag es, was es sich wünscht. Das kann zunächst etwas Kleines sein, das du ihm schnell erfüllen kannst.

Widme dich in dieser Woche hauptsächlich deinem inneren Kind, damit es wieder strahlt und du von innen heraus glücklich bist. Lass dich von ihm zu deinen tiefsten Herzenswünschen führen.

35

Man kann nicht lächelnd in die Zukunft blicken,
wenn die Augen noch voller Tränen der Vergangenheit sind.

UNBEKANNT

36 Die Kraft des Herzens

Sich der Liebe zu sich selbst öffnen

Die größte Überzeugungskraft für unser Leben besitzt unser Herz. Was wir denken, wird vom Verstand gelenkt und hat zweifellos seinen Wert. Aber das, was wir fühlen, berührt uns direkt in unserem Sein. Sich der Selbstliebe zu öffnen – das ist die Basis für die Erfüllung der Herzenswünsche.

Dauerhaftes Wohlbefinden und Glück kannst nur du selbst dir geben – schließlich lebst du mit dir in der längsten Beziehung deines Lebens. Wenn diese Beziehung in ihrer vollen Schönheit erblüht, wird dein ganzes Potenzial zum Leuchten gebracht. Fang deshalb in dieser Woche jeden Tag gleich nach dem Aufstehen mit dem »Ich liebe mich«-Ritual an. Sieh dich im Spiegel an, lächle dir zu und sage dir: »Ich liebe mich. Ich bin liebenswert.« Wichtig ist, dass du zuerst lächelst. Das sorgt nämlich dafür, dass Glückshormone ausgeschüttet werden. Auch wenn dir nicht gleich danach zumute ist – tu es. Wiederhole diese Wahrheit – »Ich liebe mich« – so oft, bis du in eine euphorische Stimmung kommst.

Die Liebe zu dir selbst vereint dich mit deinem Inneren. Sich zu lieben heißt, sich bedingungslos anzunehmen, so wie man ist. Mit allen Sonnen- und Schattenseiten. Wir können uns jeden Tag entscheiden, welcher Seite von uns wir den Vortritt geben. Was willst du der Welt geben? Was willst du, das die Welt von dir in Erinnerung behält? Lerne zu lieben. Lerne dich zu lieben. Widme dich der Entwicklung deiner Fähigkeit, dich zu lieben. Sieh dir im Laufe des Tages immer wieder in die Augen: »Ich liebe mich.« Sage es im Brustton der Überzeugung. Spüre in dich hinein, wie es dich in tiefster Seele berührt.

Du willst geliebt werden. Dann liebe dich. Liebe dich selbst. Genau das ist der Anfang.

Es ist mit der Liebe wie mit den Pflanzen:
Wer Liebe ernten will, muss Liebe säen.

JEREMIAS GOTTHELF

37 Formuliere deinen Herzenswunsch

Was willst du wirklich?

Hinter jedem Wunsch steckt die Sehnsucht nach dauerhaftem Glück. Wünsche sind so einzigartig wie die Person selbst. Kein Wunsch ist per se »zu groß« oder »zu klein«. Natürlich kannst du dir alles wünschen, was du dir nur vorstellen kannst: ein tolles Auto, ein großes Haus, eine steile Karriere, Uhren, Taschen, Schuhe und so weiter. Aber bedenke dabei, dass Besitz auf Dauer nicht glücklich machen kann. Er ist nur eine Leihgabe auf Zeit.

Viel glücklicher und erfüllter wirst du sein, wenn du deine wahren Herzenswünsche über die materiellen Wünsche stellst. Denn es gibt nur fünf grundlegende Bedürfnisse, die ein Mensch zu seinem Glück braucht: eine erfüllte Liebesbeziehung, ein liebevolles Umfeld mit Freunden, den Herzensberuf, Gesundheit sowie Fülle als individuellen Ausdruck von Erfolg, Reichtum und seelischem Wachstum.

Um herauszufinden, welche drängendsten Sehnsüchte in dir nach Verwirklichung streben, solltest du dir in dieser Woche wieder eine Liste machen. Teile das Blatt diesmal in fünf Spalten – eine für jedes dieser Themen: »Mein wahrer Wunsch nach einer liebevollen Partnerschaft«, »Mein wahrer Wunsch nach Freunden«, »nach meinem Herzensberuf«, »nach Gesundheit«, »nach Fülle«. Schreib in jede Spalte alles das, was dir zu den Themen einfällt. Vielleicht hast du schon wunderbare Freunde, aber bist finanziell angeschlagen. Vielleicht bist du Single, hast aber viel Freude im Beruf. Spür in dich hinein – wofür schlägt dein Herz? Da ist deine wahre Sehnsucht verborgen. Widme dich dieser Liste jeden Tag mindestens 20 Minuten. So wirst du sehr viel über dich erfahren!

Sobald sich das aktuell Wichtigste herauskristallisiert hat, widme dich seiner Verwirklichung.

37

Wo du auch hingehst, geh mit deinem ganzen Herzen.

KONFUZIUS

38 Unendliche Glückseligkeit

Mit Delfinen schwimmen

Jede dieser Übungen soll dich ein Stückchen näher zu deinem wahren Selbst führen. Zu dem, was du bist: ein glücklicher, authentischer Mensch, der sein ureigenstes Potenzial auslebt. Du förderst immer mehr deine positiven Emotionen.

Eine der zauberhaftesten Meditationen, um in eine glückliche Stimmung zu kommen, ist diese: Setze oder lege dich bequem hin. Atme tief in den Unterbauch. Stell dir nun vor deinem geistigen Auge vor, wie du an einem wunderschönen, feinen Sandstrand stehst und über die Weite des Meeres blickst. Die Wellen rauschen in einem gleichmäßigen Rhythmus – genauso wie dein Atem. Die leichte Brise umspielt dein Haar und du verspürst den Impuls, dich deiner Kleidung zu entledigen und ins warme Meerwasser einzutauchen. Du schwimmst ein paar kräftige Züge und genießt es, wie das Wasser deine Haut umspielt. Nach kurzer Zeit nimmst du quietschende und prustende Geräusche wahr neugierig und spielerisch nähern sich Delfine. Sie bedeuten dir, ihnen im Spiel zu folgen, und du überlässt dich dieser herrlichen Erfahrung. Du schwimmst mit ihnen, tauchst, lässt dich durch das blaue Wasser ziehen und bist glücklich über dieses Geschenk der Natur. Lass dir Zeit, diese Erfahrung zu genießen. Verabschiede dich dann von deinen neuen Freunden. Du kehrst an den Strand zurück, lässt dich von der Luft trocken und ziehst dich wieder an. Mit jedem Atemzug kehrst du mehr ins Tagesbewusstsein zurück.

Behalte das Glückgefühl in dir – wenn es wegdriften sollte, dann schließ die Augen und erinnere dich an dieses wundervolle Erlebnis. Das Gehirn kann zwischen tatsächlich Erlebten und der Fantasie nicht unterscheiden. Nutze das!

Das Leben eines jeden Menschen ist ein von Gotteshand geschriebenes Märchen.

HANS CHRISTIAN ANDERSEN

39 Seelischer Hausputz

Negative Glaubenssätze in positive Affirmationen verwandeln

Eine mentale Reinigung empfiehlt sich regelmäßig, deswegen kümmern wir uns auch in dieser Woche darum. Die folgende Übung zeigt dir die Technik der Umformulierung negativer Glaubenssätze in positive Affirmationen.

Um deinen negativen Überzeugungen auf die Schliche zu kommen, nimm dein Wunschbuch oder ein Blatt Papier und einen Stift zur Hand. Zeichne eine senkrechte Mittellinie und schreib in die linke Spalte alle Sätze, die dich in deinem Leben jemals verletzt haben. Das können Sätze deiner Eltern, deiner Lehrer oder Partner sein, aber auch ungeliebte Spitznamen oder Schuldzuweisungen. Lass dir Zeit, die negativen Sätze, die du über dich gehört hast, aus deiner Gedankenwelt herauszufiltern. Denk auch an die Sätze, mit denen du dich selbst im Alltag beschimpfst, wenn etwas nicht so gut läuft. Schreib nun auf die rechte Seite die positive Entsprechung der Sätze. Das kann zum Beispiel so aussehen: »Du kannst das nicht, das schaffst du nicht« wird zu: »Ich schaffe alles, was ich wirklich will.« »Du bist faul, aus dir wird nie etwas« wird zu: »Ich bin in Ordnung so wie ich bin.« »Du findest nie einen Mann/eine Frau« verwandelt sich in: »Ich genieße die Nähe eines liebevollen Partners.« Die neuen Formulierungen müssen nicht zwingend genau das Gegenteil besagen. Viel wichtiger ist, dass sie mit Kraft und positiver Energie aufgeladen sind und du dich mit dieser neuen Wahrheit identifizieren kannst.

Das sind nun deine täglichen »Mantren«. Sage sie dir immer dann, wenn sich negative Sätze in dein Bewusstsein drängen wollen. Wiederhole sie in einer Art Schleife, bis sie sich in dein Körper-Seele-Geist-System integriert haben.

39

*Der Verstand kann uns sagen, was wir unterlassen sollen.
Aber das Herz kann uns sagen, was wir tun müssen.*

JOSEPH JOUBERT

40 Erfolg ins Leben einladen

Was heißt »Erfolg« für dich?

Erfolg ist für jeden Menschen etwas anderes. Kaum ein Begriff wird so unterschiedlich definiert. Eine Mutter mit erwachsenen, gesunden Kindern wird ihren Erfolg woanders sehen als ein Manager, der gerade eine Firma aufbaut. Was sagt dein Herz dazu?

Nimm dein Wunschbuch zur Hand und schreib als Titel: »Was bedeutet Erfolg für mich?« Notiere deine Antworten und mach dann in dieser Woche jeden Abend die folgende Meditation: Setze oder lege dich entspannt hin. Lass die Alltagsgeräusche und Gedanken wie Wolken am Himmel vorüberziehen. Lenke deine Wahrnehmung nun auf dein Herzzentrum. Stell dir vor, wie du dich für den Erfolg anderer freust. Stell dir vor, wie du mit einem Strahlen erfolgreiche Menschen beglückwünschst. Du weißt: Erfolg ist ansteckend. Wenn andere es geschafft haben, dann kannst du es auch. Mit jedem Atemzug sagst du voller Überzeugung: »Ich bin erfolgreich.« Lass dir Zeit, spüre den Nachhall in deinem Körper. Wenn du so weit bist, gehst du zum nächsten Satz über: »Erfolg ist mein natürlicher Zustand.« Auch ihn kannst du wiederholen. Dann: »Ich ziehe für alle meine Vorhaben die richtigen Menschen in mein Leben.« Verweile auch hier, bis dein Körper es als neue Wahrheit annehmen kann. Sage dir dann: »Ich bin voller Vertrauen in meinen Erfolg.« »Ich erkenne in mir das Potenzial zum Erfolg an.« Wiederhole die Affirmationen so oft du magst. Lass dir Zeit, diese Sätze in dir nachklingen zu lassen. Kannst du sie dir glauben? Komm dann ins Tagesbewusstsein zurück.

Affirmationen, Glaubenssätze, Selbstsuggestionen, all dies sind Begrifflichkeiten für das Eine: deine eigene Wahrheit. Nimm sie wahr – und verändere sie, wenn du es wünschst.

Geben, immer wieder geben; man kann nicht verhindern, dass es immer wieder zurückkommt.

GOTTLIEB DUTTWEILER

41 Das glückliche Kind

Mit Freude im Herzen Wünsche wahr werden lassen

Kein Mensch hat eine völlig unbelastete Kindheit erlebt. Das ist auch kaum möglich, da in einer Familie unterschiedliche Charaktere aufeinandertreffen und es unwillkürlich zu Missverständnissen und Reibereien kommt. Als kleine Kinder waren wir allerdings komplett von unseren Eltern abhängig und gerieten daher häufig in verwirrende Gefühlszustände.

Unser Unterbewusstsein zeichnete all diese Erfahrungen auf – und so sind uns viele schmerzliche Erlebnisse noch heute klar präsent. Um die gespeicherten verletzten Gefühle zu transformieren, kannst du in dieser Woche das »Drehbuch« deines Lebens neu schreiben. Zieh dich dazu etwas zurück und erinnere dich an eine Situation in deiner Kindheit, in der du verwirrt, traurig oder wütend warst. Es sollte so sein, als würdest du eine Filmszene anschauen. Hör genau hin, was deine Mutter, dein Vater oder eine andere Bezugsperson aus dieser Erinnerung sagt. Schreib dir die Situation und die Sätze auf. Und nun gibst du der Sache willentlich eine positive Wendung. Du hast zwar in deiner Vergangenheit genau diese Erfahrung gemacht, kannst deinem inneren Kind aber jetzt eine andere Lösungsmöglichkeit anbieten. Stell dir einen glücklichen Ausgang vor. Was für Sätze würdest du gern aus dem Mund der Beteiligten hören? Visualisiere dein liebstes Happy End. Mach dich selbst innerlich glücklich und du wirst sehen: Dein erwachsenes Ich wird in Zukunft auch positive Lösungsmöglichkeiten für alle Belange deines Lebens parat haben.

Mach dieses Ritual jeden Abend mit einer anderen Situation und schlafe in der Gewissheit ein, dass du geborgen bist – in dir. Das ist die beste Basis für die Erfüllung all deiner Träume.

Es ist nie zu spät für eine glückliche Kindheit.

MILTON ERICKSON

42 Die Kraft des Verzeihens

Blockaden aus der Vergangenheit lösen

Um im Leben das manifestieren zu können, was du dir aus tiefstem Herzen wünschst, ist innere Freiheit nötig. Erinnerungen an unangenehme oder schamhafte Situationen können dich nämlich blockieren. Es gibt Vorfälle im Leben, die uns immer noch peinlich berühren, obwohl sie schon lange her sind. Lass die dort gebundene Energie wieder fließen!

Nimm dir eine Situation vor, die dir unangenehm war. Schließ die Augen, nimm ein paar tiefe Atemzüge zur Entspannung und stell dir diese Begebenheit vor deinem geistigen Auge so klar wie möglich vor – spürst du, wie sich in deinem Körper ein unangenehmes Gefühl ausbreitet? Halte den inneren Film einfach an und geh in einen Dialog mit den Beteiligten. Sage ihnen: »Ich verzeihe dir/euch, dass es diese Situation gegeben hat, und lasse alles, was mich noch damit verbindet, los und freue mich über die neu gewonnene Leichtigkeit.« Falls dein Gegenüber damit nicht einverstanden sein sollte, wiederholst du diese Sätze so lange, bis du die Erinnerung vollständig transformiert hast und die Beteiligen gehen. Wenn sie das nicht wollen, drehst du dich einfach um und gehst. Du trittst bewusst aus diesem »Filmausschnitt« deines Lebens heraus und stellst dir den von dir gewünschten, optimalen Ausgang vor.
Im zweiten Schritt nimmst du Kontakt mit dir selbst zum damaligen Zeitpunkt auf: »Ich verzeihe mir, dass ich mich in dieser Situation befunden habe. Ich habe viel daraus gelernt. Danke, dass dies eine Lernaufgabe auf dem Weg zu meinem wahren Selbst war. Ich bin nun frei, meinen Weg in Leichtigkeit zu gehen.«

Mach diese Meditation in dieser Woche jeden Tag mit Situationen aus deiner Erinnerung, die dir unangenehm waren.

Niemand ist frei, der über sich selbst nicht Herr ist.

MATTHIAS CLAUDIUS

43 Dein Energiehaushalt

Wie viel Kraft und Energie verwendest du wofür?

Gerade wenn wir uns um unsere Herzensangelegenheiten kümmern, sollten wir unseren Energiehaushalt im Auge behalten. Diese kleine Selbsterfahrungsübung dient dazu, dir bewusst zu machen, wie du mit deiner Energie umgehst.

Vieles, was wir tun »müssen«, raubt uns Zeit und Kraft. Um etwas daran zu verändern, solltest du dir zuerst die aktuellen Tatsachen vor Augen führen. Notiere dir dazu in deinem Wunschbuch die wesentlichen Bereiche deines Alltags, die dich fordern: Beruf, Beziehung, Freizeit, Weiterbildung, Kinder, Zeit für dich allein, Haushalt, Gesundheit oder was dir noch wichtig ist. Nimm an, dass dein Gesamtvolumen an Energie 100 Prozent ist, und schreib dir für jeden der Bereiche eine Prozentzahl auf. Deine aktuelle Verteilung könnte beispielsweise so aussehen: Beruf 50 Prozent, Beziehung 20, Ich-Zeit 0, Freizeit 10 und so weiter. Male nun einen Kreis und teile ihn anschließend in entsprechend große Segmente auf. Betrachte eine Weile die Gewichtung der Themen und spüre in dich hinein, ob du damit wirklich glücklich bist. Wo könntest du etwas ändern? Welche Grenzen müsstest du verschieben, um mehr Zeit für einen anderen Bereich zu haben? Wo müsstest du Energie herausnehmen, um sie woanders nutzen zu können? Oder bist du bereits zufrieden mit dem, was du da vor dir siehst?

Frage dich in dieser Woche auch: Wo bleibst du selbst? Deine Bedürfnisse und Belange sind genauso wichtig wie die der anderen. Spiele ein wenig mit den Prozentzahlen, verschiebe auf deiner Zeichnung die Gewichtung und beobachte, wie sich das anfühlt.

Wie leicht oder schwer ist es, eingefahrene Verhaltensweisen zu verändern? Bist du bereit dazu?

Im Leben gibt es etwas Schlimmeres als keinen Erfolg zu haben: Das ist, nichts unternommen zu haben.

FRANKLIN D. ROOSEVELT

44 »Ich liebe mich«

Meditation für mehr Selbstliebe

Viele Sorgen und Probleme resultieren aus mangelnder Selbstliebe. Wie viele negative Gedanken widmen wir unseren Selbstbeschimpfungen! Wir gehen schlimmer mit uns um, als wir es jedem anderen zugestehen würden. Und falls uns mal jemand lobt, heben wir unsere negativen Seiten hervor.

Du hast mit diesem Jahreskurs sicherlich schon viel erreicht. Nutze dennoch diese Woche noch einmal speziell dazu, deine Selbstliebe zu entwickeln. Das tut immer gut: So verbindest du dich mit deinem wahren Selbst. Zieh dich in deinen ungestörten Raum zurück und setze oder lege dich entspannt hin. Atme ein paar Mal tief ein und aus. Seufze, wenn dir danach ist. Und fühle, wie du mit jedem Atemzug entspannter wirst. Lenk deine Aufmerksamkeit auf deine Herzgegend. Visualisiere, wie aus deinem Herzen wunderschönes, liebevolles Licht ausströmt und sich in jeden Bereich deines Körpers ergießt. Du hast das Gefühl, ein vibrierendes Lichtwesen zu sein. Sage dir nun aus deinem Herzen heraus: »Ich bin liebenswert.« Spür dem Satz nach. »Ich bin es wert, geliebt zu werden.« Kannst du das annehmen? Sage die Sätze ruhig und voller Überzeugung: »Ich bin liebenswert. Ich bin es wert, geliebt zu werden.« Spüre, wie sich wohlige Wärme in deinem ganzen Körper ausbreitet. Mit jedem Einatmen verstärkt sich dein Gefühl der Liebe zu dir, und mit jedem Ausatmen lässt du ein Stückchen Widerstand los. Wenn du genug Liebe »getankt« hast, dann komm langsam ins Tagesbewusstsein zurück.

Wiederhole diese Meditation möglichst oft, damit deine neue Wahrheit in dein Unterbewusstsein sinkt und dich immer selbstbewusster durchs Leben gehen lässt.

44

Sei mitfühlend gegenüber dir selbst – und du bringst alle Wesen auf der Welt in Einklang. LAOTSE

45 Verbundenheit erfahren

Ich umarme das Leben und das Leben umarmt mich

Innerlich sind wir wie Kinder. Wir blicken mit staunenden Augen in die Welt und sind glücklich, wenn wir uns eins mit dem fühlen, was uns umgibt. Oftmals verwehren wir uns jedoch dieses Gefühl der Verbundenheit. Wir haben schon fast vergessen, wie schön es sich anfühlt, wenn wir im Leben geborgen sind. Mit dieser Meditation gibst du dir das Gefühl der Verbundenheit zurück.

Entspann dich, nimm ein paar tiefe Atemzüge und schließe die Augen. Stell dir vor, wie du an einem romantischen einsamen Strand stehst. Du blickst in das offene Meer und lässt dich vom Rauschen der Wellen tragen. Du spürst den Sand unter deinen Füßen und das Wasser, das deine Zehen umspielt – wie eine Liebkosung. Die Sonnenstrahlen wärmen dich. Du fühlst dich verbunden mit Mutter Erde und bist dankbar dafür, dass sie dich trägt und nährt. Eine Welle der Liebe durchflutet deinen Körper. Du breitest die Arme aus und atmest das Sonnenlicht in jede Zelle deines Körpers. Du fühlst dich mit Vater Himmel verbunden und bedankst dich, dass er dir Leben und Kraft gibt. Du stehst mit ausgebreiteten Armen am Meer und sagst: »Ich umarme das Leben und das Leben umarmt mich. Ich liebe die Schöpfung und die Schöpfung liebt mich. Ich bin Teil der großen Familie. Ich werde geliebt.« Genieße dieses wundervolle Gefühl. Atme tief ein und aus. Tanke lichtvolle Energie, nimm sie in jede Ebene deines Seins auf. Bedanke dich dann für die heilsame Erfahrung und komm ins Tagesbewusstsein zurück.

Behalte dieses Gefühl der Verbundenheit in dir. Wann immer du ein Gefühl der Trennung erleben solltest, erinnere dich an deinen ganz besonderen Moment am Meer.

45

Ein Tropfen Liebe ist mehr als ein Ozean Verstand.

BLAISE PASCAL

46 Wünschen mit Kindern

Träume mit in die Nacht nehmen

Kinder sind wunderbare Wünscher! Sie sind noch mit der kreativen Quelle in sich verbunden. Sie träumen, spielen, lachen, sind neugierig, wissensdurstig und glauben an das Gute. Wir waren auch solche Kinder – begeistert über jede Sache, die wir neu dazugelernt haben. Unser Leben war aufregend und voller Wunder.

Als liebevolle Eltern wünschen wir uns Glück, Sicherheit, Gesundheit und Schutz für unsere Kinder. Wir wollen das Beste für sie, geben ihnen aber oft unbewusst Signale, dass die Welt »da draußen« gefährlich sei. Wir projizieren unsere Ängste auf sie, anstatt sie liebevoll zu unterstützen. Sicher gibt es Dinge, die ein Kind zu seinem eigenen Schutz wissen sollte, aber wie wäre es, wenn du ihm fortan vor allem das Schöne, Wundervolle, Aufregende des Lebens zeigst? Wenn du stets bewusst mit allen Aussagen bist, die du deinem Kind gegenüber triffst, wenn du dich immer positiv und unterstützend äußerst? Mit Kindern gemeinsam zu wünschen ist berührend und verbindend. Wie du weißt, sollte man sich nichts wünschen, was einen anderen betrifft – auch nicht die eigenen Kinder. Stattdessen kannst du dieses Ritual gemeinsam mit deinen Kindern machen: Am Abend vor dem Schlafengehen besprecht ihr, welche Träume, Wünsche und Sehnsüchte ihr in euch tragt. Ihr schreibt diese auf oder malt ein Bild dazu. Das Blatt wird dann feierlich in das Schatzkästchen gesteckt oder unterm Kopfkissen deponiert.

Falls du keine Kinder hast, kannst du dieses zauberhafte Ritual auch mit deinem inneren Kind machen. Gib deinem (inneren oder leiblichen) Kind das Gefühl, dass es alles schaffen kann, wenn es fest daran glaubt.

Das Glück kommt zu denen, die lachen.

CHINESISCHES SPRICHWORT

47 Liebevoller Blick

Ein Kraftfeld der Liebe aufbauen

Liebe ist die unerschöpfliche Quelle unseres Seins. Ohne Liebe kein Leben. Wir sehnen uns nach ihr, und wenn wir sie in uns spüren, sind wir glücklich. Liebe ist die Ursache, Glück ist die Auswirkung. Die Liebe ist die höchste Schwingung in unserem Dasein. Sie ist die Einheit von allem, was ist.

Wenn sich die Menschen auf ihre Liebesfähigkeit besinnen würden, hätten wir das Paradies auf Erden. Aber bevor es soweit ist, kannst du dein eigenes kleines Paradies erschaffen, indem du alles, was dir begegnet, mit Liebe und Zuneigung betrachtest. Mit dieser einfachen Übung kannst du dich an das Einheitsfeld der Liebe anschließen. Sieh diese Woche alles mit einem »liebevollen Blick« an. Alle Menschen sind einzigartig – auch du. Jeder folgt einem individuellen Lebenskonzept. Die Sehnsucht nach Liebe und Glück vereint uns alle. Finde an jedem Menschen etwas Liebenswertes, dann finden die Menschen auch etwas Liebenswertes an dir. Sende in jeder Situation liebevolle Gedanken aus. Sage innerlich jeder Person, die du siehst: »Ich sende dir meine Zuneigung und Anerkennung.«

Es gibt verschiedene Arten von Liebe – die Liebe zwischen Lebenspartnern, zwischen Mutter und Kind, zwischen Geschwistern und die zu den treuen Weggefährten unseren Lebens, den Freunden in menschlicher oder tierischer Gestalt. Die Liebe zu ihnen und von ihnen gibt uns Kraft und trägt uns durch unser Leben. Kannst du dir vorstellen, was für ein Kraftfeld du aufbaust, wenn du in dein gesamtes Umfeld beständig Liebe und Zuneigung sendest? Alle werden sich in deiner Nähe wohlfühlen.

Mit dieser Übung wird dein Resonanzfeld deutlich an positiver Kraft gewinnen.

Sei du selbst die Veränderung,
die du dir wünschst für diese Welt. MAHATMA GANDHI

48 Liebe deine Feinde …

Verzeihen und loslassen – das heilt und macht frei

Wir alle wünschen uns ein harmonisches Umfeld, und doch haben wir unsere wunden Punkte. Wenn diese »Knöpfe« gedrückt werden, tut das weh. Nicht selten halten wir andere dann für unsere Feinde. Doch meist sind die Menschen, die uns verletzen, das nicht. Vielmehr handelten sie aus ihren Schwächen heraus, oder es gab Missverständnisse, die nicht kommuniziert wurden. Es blockiert uns, wenn wir diese Dinge nicht auflösen. Also: Tun wir's!

Nimm dein Wunschbuch und setze dich ruhig hin. Schließ die Augen und erinnere dich an einen Menschen, der dich verletzt hat. Bleib zunächst bei dieser einen Person, die dir als Erstes einfällt. Stell dir die Situation vor, in der du dich missverstanden und verletzt gefühlt hast. Was möchtest du jetzt am liebsten sagen? Was für Sätze kommen hoch? Was für Gefühle? Schreib es auf – notiere ganz ehrlich, was du dieser Person schon lange sagen wolltest. Wenn du alles zu Papier gebracht hast, bleibst du ruhig sitzen und lässt es in dir wirken. Frage dich dann, ob du soweit bist, dem anderen zu verzeihen. Stell dir vor, du würdest vor ihr oder ihm stehen und sagen: »Ich verstehe nun, was uns aneinander so schmerzlich berührt hat. Ich lasse diese Mechanismen los, um meine Freiheit wiederzuerlangen. Ich bin frei, mein Leben auf meine Art zu gestalten.«
Wenn du magst, kannst du noch folgenden Satz hinzunehmen: »Ich achte dein Sein und lade dich ein, mich so zu respektieren, wie ich bin. Dann können wir in Harmonie unserer Wege gehen.« Dies beinhaltet die Freiheit, dass man getrennte Wege geht oder noch einen gemeinsamen Abschnitt lebt.

Kaum etwas schenkt uns so viel Kraft für unsere seelische Weiterentwicklung wie das Verzeihen.

48

Der Geist wird reich durch das, was er empfängt,
das Herz durch das, was es gibt. VICTOR HUGO

49 Ein heilsames Ritual

Für Frieden in der Familie und auf der Welt

Mit diesem Ritual widmest du dich in dieser Woche auf liebevolle Weise dir und deinem Umfeld. Zieh dich dazu am frühen Abend an deinen Lieblingsort zurück, sorge dafür, dass du ungestört sein kannst. Leg schöne Musik auf, zünde eine Kerze an, vielleicht möchtest du auch eine Duftlampe anmachen.

Entspann dich und lass vor deinem geistigen Auge den heutigen Tag Revue passieren. Erinnere dich an dein Aufstehen, an die Dinge, die du getan hast, an die Begegnungen mit anderen – persönlich, über Telefon oder Mail. Schicke jedem, mit dem du zu tun hattest, dein Mitgefühl, dein Verständnis und deine Anerkennung. Sende ihm Liebe und Licht. Verweile bei jeder Erinnerung nur kurz, sei dir sicher, dass die Energie beim anderen ankommt. Wenn es Reibungspunkte gab, so verzeih sie dir und deinem Gegenüber: »Ich vergebe dir und mir diese spannungsvolle Begegnung und sende nun in unser Feld Harmonie und gegenseitiges Verständnis. Wir widmen uns zum Wohle aller Beteiligten der Lösung.«

Verbinde dich nun mit deinem weiteren Umfeld, dem Haus, in dem du wohnst, den Menschen und Tieren um dich her, der Stadt ... Dehne dein Feld der Liebe immer weiter aus, bis es die ganze Welt umspannt. Schicke Licht, Liebe, Harmonie und Frieden in dieses Feld. Atme tief ein und aus und spüre, wie der innere Friede dich und alle Lebewesen erfasst. Sage dir: »Ich bin zu jeder Zeit und auf allen Ebenen in Harmonie mit mir und meinem Umfeld. Ich sende Licht und Liebe in die Welt, zum Wohle aller Wesen und in Dankbarkeit für die Quelle der Schöpferkraft.«

Mach dieses Ritual jeden Abend für fünf Minuten. Nicht nur dein Schlaf, sondern dein Leben insgesamt werden viel friedvoller.

49

Wenn die Macht der Liebe die Liebe zur Macht überwindet, erst dann wird es Frieden geben.

JIMI HENDRIX

50 Freude schenken

Andere Menschen – und sich selbst – glücklich machen

Freude ist eines der wesentlichen Gefühle, die unser Leben und unsere Wünsche bestimmen. Die Freude trägt uns durch unsere Sehnsüchte hindurch und lässt uns unsere Wünsche manifestieren. Um dieses Gefühl immer wieder entstehen zu lassen, legst du in dieser Woche dein Augenmerk darauf, den lieben Menschen um dich herum Freude zu schenken.

Überleg dir, was du tun könntest, um die wichtigsten Menschen um dich herum glücklich zu machen. Wenn du andere Menschen erfreust, hat das auch einen nachhaltigen Effekt auf dein eigenes Leben. Es fühlt sich glücklicher und erfüllter an. Es braucht nicht immer einen großen Anlass, um Liebe zu zeigen. Warte nicht auf offizielle Gelegenheiten, sondern lass deinen Gefühlen einfach freien Lauf. Freu dich wie ein Kind daran, dir auch außerhalb der Reihe etwas auszudenken, was anderen Menschen Freude machen könnte. Das kann auch nur eine Kleinigkeit sein: ein mit Füller handgeschriebener Brief, eine kleine Botschaft am Kühlschrank, eine Blume an der Türklinke, die mit Schleifchen eingepackte Lieblingspraline, eine kleine Zeichnung, die euch zeigt, wie ihr über beide Ohren grinst ... Deiner kindlichen Fantasie sind keine Grenzen gesetzt. Sei erfinderisch, originell und aufmerksam. Schenke Zeit, Aufmerksamkeit, Achtsamkeit, Respekt, liebevolle Hingabe, sei freundlich zu allem und zu jedem. Und wisse dabei: Je mehr du gibst, desto mehr wirst du erhalten. Dabei geht es nicht um materielle Werte, sondern um den Herzenswert der Gaben.

Ein ganz besonderes Geschenk an deine Umwelt ist dieses: Sei mutig, zeig deine Gefühle, lass Nähe zu – sei selbst ein Geschenk für andere. Und damit auch für dich.

50

Lass nie zu, dass du jemandem begegnest,
der nicht nach der Begegnung mit dir glücklicher ist.

MUTTER TERESA

51 Alles ist mit allem verbunden

Gemeinsames Wunschritual

Kann eine Gruppe von Menschen die Welt positiv beeinflussen? Bis vor Kurzem war man noch davon überzeugt, dass in unserer Welt alles von allem getrennt sei. Doch ist das wahr?

Man glaubte lange, dass zwei voneinander getrennte Dinge keinen Einfluss aufeinander haben können. Folgerichtig hat man uns beigebracht, uns selbst auch als von den anderen getrennt zu betrachten. Dies erzeugte zwangsläufig ein Gefühl von Isolation und Einsamkeit. Wir schienen den Dingen und Ereignissen »zufällig« ausgeliefert. Es gab uns – und den Rest der Welt. Nun haben sich in den letzten Jahren die Erkenntnisse der modernen Wissenschaft aber vollständig gewandelt. Heute wissen wir, dass wir nicht voneinander getrennt sind. Alles ist mit allem verbunden, alle Wesen und Dinge beeinflussen sich gegenseitig.

Diese Erkenntnis machen wir uns zunutze und »verabreden« uns zu einem bestimmten Zeitpunkt, um gemeinsam zu wünschen. Michaela, ich und Tausende unserer Leser und Leserinnen konzentrieren sich jeden Freitag um 20 Uhr auf ihren Wunsch und auf die Wünsche von allen anderen. Die Kraft der Gruppe ist für uns direkt körperlich spürbar, manche bekommen Gänsehaut und bei vielen öffnet sich das Herz für ein nachhaltiges Glücksgefühl. Dabei ist es unwichtig, wie weit wir räumlich voneinander entfernt sind, die Energie kennt weder Zeit noch Raum.

Sende in dieser Woche jeden Abend deine gesammelte, liebevolle Energie in die Erfüllung deiner Wünsche und verbinde dich am Freitag um 20 Uhr mit der Gruppenenergie. Du wirst sehen, durch die Kraft der Gruppe wird sich deine positive Energie potenzieren!

Wenn der Wind des Wandels weht, bauen die einen Schutzmauern, die anderen Windmühlen.

CHINESISCHES SPRICHWORT

52 Spirituelles Wachstum

Das Leben reich werden lassen

Egal, woran wir glauben, ganz gleich, welcher menschlichen Gruppe wir angehören, eines haben wir alle gemeinsam: das Streben nach Glück und das Streben nach dem Größeren in uns selbst.

Wir wollen an etwas Höheres glauben, das uns erschaffen hat, denn das Leben ist zu schön und vollkommen, als dass es ein biologischer Zufall sein könnte. Ganz gleich, ob du es Gott, Quelle, Buddha, das Einheitsfeld oder die Schöpferkraft nennst, jenseits der Materie ahnen wir etwas »hinter dem Vorhang«. Keiner kann sagen, was es ist. Sicher scheint nur zu sein, dass wir die Qualität unseres Hier und Jetzt verbessern können. Die Sehnsucht, ein ganzheitlicher Mensch zu sein, auf allen Ebenen Meisterschaft zu erlangen, darüber hinaus der Welt etwas zurückzugeben – das alles ist im Menschen angelegt. Wir wollen wirklich »da gewesen« sein, wir wollen, dass unsere Existenz in der Welt etwas bewirkt hat. Das ist ein Stückchen Unsterblichkeit.
Spüre in dieser Woche der Frage nach dem Sinn deines Lebens nach. Keine leichte Frage, aber eine absolut wesentliche. Überlege, was für dich »gelebte Spiritualität« bedeutet, schreib deine Gedanken dazu auf und bleib im Dialog mit dir selbst. Frage dich: »Was bin ich bereit der Welt zu geben?« Das könnte Zeit sein. Eine Stunde deiner Zeit für andere Menschen. Es gibt so viele Möglichkeiten, sie einzusetzen: Kindern im Kindergarten vorlesen, ein Altenheim besuchen, bei der Essenausgabe für Obdachlose helfen. Das alles hat mit spirituellem Wachstum zu tun. Such dir in dieser Woche eine Tätigkeit, die du pro Tag eine Stunde lang »verschenken« kannst.

Lerne zu geben, damit machst du die Welt – und auch dich selbst – reicher.

52

Glück ist ein Wunderding: Je mehr man gibt, desto mehr hat man. GERMAINE DE STAËL-HOLSTEIN

Alle Übungen, Meditationen und Rituale

Der Einstieg

Das Resonanzfeld

Spezielle Wünsche

Herzenswünsche

Dein Umfeld

Bücher und Adressen, die weiterhelfen

Kleine Auswahl der Bücher von Pierre Franckh

Erfolgreich wünschen. 7 Regeln, wie Träume wahr werden; Koha
Wünsch es dir einfach – aber richtig; Koha
Wünsch es dir einfach – aber mit Leichtigkeit; Koha
Das Gesetz der Resonanz; Koha
21 Wege, die Liebe zu finden; Knaur
Einfach glücklich sein. 7 Schlüssel zur Leichtigkeit des Seins; Goldmann Arkana
Der ganz alltägliche Beziehungswahnsinn; Ariston (gemeinsam mit Michaela Merten)

Kleine Auswahl der Bücher und CDs von Michaela Merten

Seelen-Coaching. Wege zu Gelassenheit und Lebensfreude; Goldmann Arkana
Glücklichsein (geführte Meditation auf CD); Neptun Media
Selbstliebe (geführte Meditation auf CD); Neptun Media

Weitere Tischaufsteller bei GU

Ilona Daiker: *Gelassen wie ein Buddha*
Anna Trökes: *Yoga-Weisheit*

Internetadressen

Mehr Informationen zum Autor und seinen Buch-, Coaching- und Seminarangeboten unter: *www.Pierre-Franckh.de*
Außerdem lohnt ein Blick auf die Seite von Michaela Merten: *www.Michaela-Merten.de*

Wichtiger Hinweis

Die Gedanken und Anregungen in diesem Tischaufsteller stellen die Meinung bzw. Erfahrung des Verfassers dar. Weder Autor noch Verlag können für eventuelle Schäden, die aus den im Buch gegebenen Hinweisen resultieren, eine Haftung übernehmen.

Der Autor

Pierre Franckh ist erfolgreicher Bestsellerautor. Seine über 60 Titel sind bislang in 21 Ländern erschienen. Pierre Franckh hält Vorträge auf der ganzen Welt und gibt Seminare. Nach seinen Regeln haben bereits unzählige Menschen ihr Leben positiv verändert. Als Coach und Mental-Trainer ist er in der Wirtschaft ebenso tätig wie für Ärzte, Psychologen und Heilpraktiker. »Entfalte deine Wunschkraft« entwickelte er gemeinsam mit seiner Ehefrau Michaela Merten, ebenfalls sehr erfolgreiche Autorin.

Impressum

Projektleitung: Anja Schmidt
Lektorat: Diane Zilliges
Layout: independent Medien-Design, H. Moser
Bildredakion: Petra Ender
Illustrationen: Guter Punkt, Anke Koopmann
Herstellung: Susanne Mühldorfer
Satz: Ludger Vorfeld
Lithos: Longo AG, Bozen
Printed in China
ISBN 978-3-8338-2291-9
1. Auflage 2011

Bildnachweis

Armin Brosch: U4, Portrait Pierre Franckh; Corbis: Bild Nr. 3, 5, 6, 8, 9, 31, 33; Getty: Coverfoto, Bild Nr. 1, 2, 4, 7, 10-17, 19, 21-24, 26-30, 32, 34-40, 42-52; Plainpicture: Bild Nr. 18, 20, 25, 41

Die GU-Homepage finden Sie unter www.gu.de

GRÄFE UND UNZER

Ein Unternehmen der
GANSKE VERLAGSGRUPPE

Unsere Garantie

Alle Informationen in diesem Ratgeber sind sorgfältig und gewissenhaft geprüft. Sollte dennoch einmal ein Fehler enthalten sein, schicken Sie uns das Produkt mit dem entsprechenden Hinweis an unseren Leserservice zurück. Wir tauschen Ihnen den GU-Ratgeber gegen einen anderen zum gleichen oder ähnlichen Thema um.

Liebe Leserin und lieber Leser,

wir freuen uns, dass Sie sich für ein GU-Buch entschieden haben. Mit Ihrem Kauf setzen Sie auf die Qualität, Kompetenz und Aktualität unserer Ratgeber. Dafür sagen wir Danke! Wir wollen als führender Ratgeberverlag noch besser werden. Daher ist uns Ihre Meinung wichtig. Bitte senden Sie uns Ihre Anregungen, Ihre Kritik oder Ihr Lob zu unseren Büchern. Haben Sie Fragen oder benötigen Sie weiteren Rat zum Thema? Wir freuen uns auf Ihre Nachricht!

Wir sind für Sie da!
Montag – Donnerstag: 8.00 – 18.00 Uhr;
Freitag: 8.00 – 16.00 Uhr
Tel.: 0180-5005054*
Fax: 0180-5012054*
*(0,14 €/Min. aus dem deutschen Festnetz/Mobilfunkpreise maximal 0,42 €/Min.)
E-Mail: leserservice@graefe-und-unzer.de

P.S.: Wollen Sie noch mehr Aktuelles von GU wissen, dann abonnieren Sie doch unseren kostenlosen GU-Online-Newsletter und/oder unsere kostenlosen Kundenmagazine.

GRÄFE UND UNZER VERLAG
Leserservice | Postfach 86 03 13 | 81630 München